U0754997

中小学家长教育
三维课程的
理论与实践

涂南萍　戴花妹◎著

江西教育出版社
JIANGXI EDUCATION PUBLISHING HOUSE

·南昌·

赣版权登字-02-2024-400

图书在版编目（CIP）数据

中小学家长教育三维课程的理论与实践 / 涂南萍，
戴花妹著 . -- 南昌 : 江西教育出版社 , 2024. 12.

ISBN 978-7-5705-4452-3

Ⅰ. G782

中国国家版本馆CIP数据核字第20243B31C2号

中小学家长教育三维课程的理论与实践

ZHONG-XIAOXUE JIAZHANG JIAOYU SANWEI KECHENG DE LILUN YU SHIJIAN

涂南萍　戴花妹　著

江西教育出版社出版

（南昌市学府大道 299 号　邮编：330038）

出 品 人：熊　炽
策划编辑：吴　晶
责任编辑：缪慧玲

各地新华书店经销
江西赣版印务有限公司印刷
710 毫米 ×1000 毫米　　16 开本　　14.25 印张　　230 千字
2024 年 12 月第 1 版　　2024 年 12 月第 1 次印刷

ISBN 978-7-5705-4452-3
定价：54.00 元

赣教版图书如有印装质量问题，请向我社调换　电话：0791-86710427
总编室电话：0791-86705643　　　编辑部电话：0791-86708350
投稿邮箱：JXJYCBS@163.com　　网址：http://www.jxeph.com

序

随着《中华人民共和国家庭教育促进法》的颁布，中小学家长学校作为宣传普及家庭教育知识、提升家长素质的重要场所，为许许多多的学生家长提供了形式多样、内容丰富的家庭教育指导。但目前，中小学家长学校的效果并不尽如人意：家长的获得感并不明显，教育培训效果并不明显。很多家长听专家讲座时心情激动，课后再与教师交流时非常感动，回去以后却"一动不动"。家长对家庭教育指导的巨大需求，与中小学家长教育课程存在的系统性不够、针对性不强、培训形式单一等问题形成巨大反差。

什么样的家长教育课程结构是科学的？家长教育课程设计如何系统化？现行的家长学校课程经得起实践检验吗？深圳市宝安区教科院涂南萍老师从事中小学家庭教育指导工作，从2018年开始，在调研的基础上，她先后主持了深圳市级课题"中小学家长教育三维课程开发研究"和广东省德育课题"粤港澳大湾区家长教育三维课程开发研究——以宝安区学校家长教育为例分析"，其间有20余所家长学校作为课程试点校，近30人次的专家参与研讨与指导，开展课例实践教学的一线教师更是数不胜数。经过3年多的课题研究，其成果在更大范围进行推广，如今终于形成了《中小学家长教育三维课程的理论与实践》一书。该书的主要特色有：

一、逻辑清晰，课程重点突出

家长教育三维课程从孩子成长、家长提升、家庭发展三个维度构建课程框架，内容包括"身心了解""教养方式""学业支持"三个方面，帮助家长掌握孩子身心发展的规律和特征，提升教养能力，为孩子生命历程关键阶段赋能，让孩子在和谐家庭氛围中提升综合素养。"身心了解"增认知，围绕学生生理、心理和性教育展开，为家长开展家庭教育提供知识基础；"教养方式"提技巧，围绕学生在成长过程中须培养的生活习惯和优势品格，帮助家长了解孩子不同行为背后的心理机制，掌握亲子沟通的技巧，促进家庭和谐；"学业支持"巧赋能，以年级为单位，帮助家长了解各年级学习特点，掌握培养孩子学习习惯的有效方法，让家长成为孩子学业发展的支持者。

二、聚焦不同年龄段学生的典型问题

课程中的每一节课都聚焦不同年龄段学生的典型问题，整个课程系统性、针对性强。家长完整地学习了此课程，对孩子基础教育阶段的身心发展和学业发展就具备了较完整的认知，能够从更宽广的时空中去看待孩子在成长过程中出现的问题，避免焦虑情绪。

三、提升家长家庭教育指导的效能

家长教育三维课程不仅给家长和孩子提供基础教育阶段身心发展和学业发展两个方面的知识，还为家长提供了具体的方法。课程的开发者均为一线教师，他们既具有丰富的教育教学实践经验，又具备家庭教育指导和个案指导经验，提供给家长的具体方法具有可操作性、可复制性，增强了家长家庭教育指导的信心。

四、构建"五育"并举的家校共育模式

家长教育三维课程的"身心了解"课程聚焦孩子的"体"，"教养方式"课程聚焦孩子的"德""劳"，"学业支持"课程聚焦孩子的"智""美"，三个课程相互融通。如"学业支持"课程中的"如何激发孩子的学习动力"，既根据身心特点提出"激发孩子的好奇心和学习兴趣"的策略，又从学习技能角度提出"引导孩子掌握科学的学习方法"的策略，还从教养方式角度提出"让孩子体验成就感"策略。课程让家长在家庭教育过程中紧紧围绕学校高质量发展的最终目标，共同

培养"五育"并举的高素养人才。

总之，只有学校、家庭、社会三方形成合力，教育的育人价值才能最大限度地得以发挥，高质量的教育才能真正实现，而其中的家校共育又是重中之重。

是为序。

周　峰

（作者系广东省中小学德育研究与指导中心执行主任、广东省中小学德育指导委员会主任委员、广东省中小学家庭教育指导专家委员会主任委员、教育学教授、管理学博士）

前　　言

近年来，家长学校作为宣传普及家庭教育知识、提升家长素质的重要场所，为许许多多的学生家长开展了形式多样、内容丰富的家庭教育指导。然而，家长的获得感并不明显，教育培训的效果也并不明显。很多家长听专家讲座时心情激动，课后再与专家交流时非常感动，回去以后却"一动不动"。为什么会这样呢？

2018年，我们带着问题在区域内开展了家长教育现状调研。通过调研，我们了解到家长对家庭教育指导的巨大需求。特别是中小学家长教育课程存在的系统性不够、针对性不强、培训形式单一等问题，引发我们更深层次的思考。什么样的家长教育课程结构是科学的？家长教育课程设计又如何系统化？我们所设计的课程经得起实践检验吗？

为此，我们在2019至2021年先后开展了市级课题"中小学家长教育三维课程开发研究"和省级课题"粤港澳大湾区家长教育三维课程开发研究——以宝安区学校家长教育为例分析"的研究。其间，有20多所家长学校作为课程试点校，近30人次的专家参与研讨与指导，开展课例实践教学的一线教师更是数不胜数。这样稳健的研究过程，不仅极大地丰富了"三维课程"的理论体系，还进一步检验了课程中每一个课例的实践成效。以上两个课题均已在2021年结题，课题成果在更大范围得以推广，现在做一阶段性的回顾，形成《中小学家长教育三维课程的理论与实践》一书。

全书分为理论与实践两大板块，根据各部分内容编排成五章。

第一、二章为与"中小学家长教育三维课程"相关的理论阐述。内容涵盖课程研发缘由、相关文献研究综述、研究背景与视角，以及本课程建设的含义与意义、理论基础、目标与思路等。

第三、四、五章着重于"中小学家长教育三维课程"的实践成果，包括"身心了解""教养方式""学业支持"三个维度的精品课例各7个、"三维课程"的家庭应用案例共7个、"三维课程"个案指导3个。其中，精品课例为中小学一线教师家长教育备课提供借鉴，家庭应用案例为广大家长学以致用提供参考，个案指导则可供家庭教育指导教师开展一对一辅导和咨询做学习交流之用。但在实践中，均须结合实际灵活运用，切忌"拿来主义""本本主义"。

学校作为指导推进家庭教育的主阵地和主渠道，也应该要有一门完善的家长教育课程来推动家庭教育指导和服务迈向规范化、科学化、系统化之路。2023年1月，教育部等十三部门联合印发《关于健全学校家庭社会协同育人机制的意见》，要求学校充分发挥协同育人主导作用，要把做好家庭教育指导服务作为重要职责，每学期至少组织2次家庭教育指导活动。笔者在家教沃土上默默耕耘多年，谨以此书为区域家长教育高质量发展略尽绵薄之力。

涂南萍

目　录

第一章 绪 论

◎ 缘起

◎ 家庭教育与家长教育研究综述

◎ 中小学家长教育课程建设的研究背景
   与研究视角

第一节 缘起

一、国家高度重视家庭教育，开发家长教育课程势在必行

近年来，党和国家领导人在不同场合多次强调"家庭的前途命运同国家和民族的前途命运紧密相连"。习近平总书记在2018年2月14日春节团拜会上强调："中华民族历来重视家庭，正所谓'天下之本在国，国之本在家'，家和万事兴。国家富强，民族复兴，最终要体现在千千万万个家庭都幸福美满上，体现在亿万人民生活不断改善上。"当前，由教育系统加强对家长的家庭教育指导意义深远，家庭教育指导已然成为基础教育学校的一项重要工作。2015年10月，教育部在《关于加强家庭教育工作的指导意见》中提出：中小学幼儿园要把家长学校纳入学校工作的总体部署；要设计较为具体的家庭教育纲目和课程，开发家庭教育教材和活动指导手册。2016年11月，《关于指导推进家庭教育的五年规划（2016—2020年）》（以下简称《规划》）文件出台。《规划》指出，要进一步巩固发展学校家庭教育指导服务阵地，将家庭教育指导服务作为学校和幼儿园工作的重要任务，家长学校做到有师资队伍、有教学计划、有指导教材或大纲、有活动开展、有成效评估。及至2021年《中华人民共和国家庭教育促进法》出台，"中小学校、幼儿园应当将家庭教育指导服务纳入学校工作计划""中小学校、幼儿园应当建立家长学校，针对不同年龄段未成年学生的特点，定期组织家庭教育指导和家庭教育实践活动"以文件形式明确下来。可见，在国家高度重视家庭教育的当下，中小学常态化开展家庭教育指导已然上升到法律的高度。而结合政策要求和区域家长需求开发家长教育相关课程则势在必行。

二、宝安身居粤港澳大湾区舞台中央，家长教育课程助力人才培养

2019年2月18日，中共中央、国务院印发《粤港澳大湾区发展规划纲要》（以下简称《纲要》），明确要求深圳加快建设国际化城市新中心，建成具有世界影响力的创新创意之都。2019年8月，中共中央、国务院发布《关于支持深圳建设中国特色社会主义先行示范区的意见》，重视高端人才的聚集与培育，坚持将教育优先发展作为第一战略。近年来，深圳市宝安区聚势腾飞，致力于打造"湾区核心、智创高地、共享家园"，努力建设"世界级先进制造城、国际化湾区滨海城、高品质民生幸福城"。粤港澳大湾区肩负探索我国经济发展新模式之重任，宝安教育亦迎来历史性机遇。新时期，宝安为确保教育优先发展，坚持走家校社协同育人之路，加快聚集和培育高端人才。研发系列家长教育课程，提升家长学校办学质量，为宝安引领湾区人才建设提供了切实保障。

三、突破宝安家庭教育发展现状，亟待家长教育课程专业化发展

宝安区自1997年起成立区家长学校总校，各学校成立家长学校分校，在家长教育方面取得了一些成绩。但从总体上看，家长教育未成体系，随机性较大，碎片化的现象普遍。2018年，笔者对宝安区家庭教育现状开展调查，结果显示85%的人是外来务工人员。对于外来人口较集中和庞大的地区而言，社会转型的大潮已把越来越多的人快速卷入"陌生人社会"。当"陌生人社会"成为常态，个体与结构便处于建构与解构的重新安排中。宝安的家庭结构以亲子或祖孙三辈共处的核心家庭为主，家庭代际关系从强家庭纽带转变为弱家庭纽带。由于区域、民族、代际文化的多样化和差异性，以父母为基础的家庭文化和家庭教育呈现多元化、复杂性的特点。家长承受着竞争激烈的工作压力，也脱离了族群和邻里的守望，容易产生育儿焦虑，从而导致家庭教育失策。在子女培养方面，家长的教育诉求呈现差异化、多元化、个性化特征。据调查，74%的家长希望子女将来可以通过自己的努力获得幸福，19%的家长期望子女将来长大后能成为国家的有用人才，7%的家长希望子女能实现自己的夙愿。由此可见，家长的育儿期

待各有不同。与此同时，家长对家庭教育指导的诉求差异性、复杂性、多元性特征明显。多数拥有正确教育观念的家长，注重自身对子女潜移默化的影响，重视家庭成员的可持续发展。部分事业上有所成就的家长，希望能在新时代教育观念和行为指导下，把子女培养成某一领域出类拔萃的人才。同时，还有大量家长希望子女未来能适应深圳人才需求，自身也想在教育观念、亲子沟通、学业指导等方面得到有效指导。

据调研，宝安区家长不仅呈现教育背景多元、差异性大等特点，还存在部分家长文化水平较低、家庭教育观念落后及家庭亲子矛盾较多等问题。家长急需通过系统化、专业化的家长教育课程的学习，提升综合素养及家教能力。

四、提升家长学校办学水平，增强家校共育合力

家庭和学校相互沟通、合作是促进学生健康成长的重要保证。家校共育强调家长与学校共同承担责任，在学校方面，教师经过专业训练，具备相应的专业知识，能够促进学生的成长；在家庭方面，理论上家长应具备教育孩子的知识、技巧等。两者都是为了儿童的健康、全面发展。家长观念与家校互动等都会影响到家校共育的效果。相关研究表明，家长对家校共育的重视程度普遍不高。如《全国家庭教育状况调查报告（2018）》指出，部分班主任认为，有50%以上的家长认为教育孩子是教师和学校的义务和责任。但传统家庭教育指导模式的实际效果并不理想，由此，针对中小学家长需求，开发家长教育课程，对于改变家长观念、促进家校沟通合作具有重要意义。同时，学校作为家校共育的一方，有责任对家长进行家庭教育方面知识的指导，但教师的工作任务繁重，缺乏时间与精力制订相应的指导方案，因而，在此背景下开发家长教育三维课程，以提升家长教育胜任力。

五、开发家长教育课程，助力青少年未来发展

青少年是大湾区未来发展的生力军，家庭和学校在青少年"拔节孕穗期"的

人生阶段中，需要精心引导和培育他们的价值观，增强对中国特色社会主义的认同感、使命感。因此，更需要利用家长教育课程，科学有效地帮助家长发掘自身潜能，指导家长与学校密切协作，培养新时代人才，突破区域发展面临的瓶颈，促进大湾区内部的协同性和包容性。

家庭是每个人成长的摇篮，家庭教育的影响伴随终生。家庭教育的实施主体是家长，但是目前家长依靠自发自觉的提升不足以满足时代的要求。

六、课程研发的起始历程

近年来，宝安区扎实推进家庭教育工作，结合经济社会及时代发展需要，因地制宜地为家长提供家庭教育指导服务，坚定不移地践行立德树人根本任务。从2016年起，宝安区教育发展事务中心家庭教育部在全面调研区域家长教育情况的基础上，研发以学校为实施主体的中小学家长教育课程，改变以往家长培训随机性较大、内容碎片化的现象，通过系统化、专业化、进阶化的家长教育课程学习，满足家长学校培训的需要，提升家长的综合素养及家教能力。

（一）开展前期调研，摸清家长需求

为广泛培养家长的现代教育理念，提升家长的教育水平，宝安区教育系统根据教育部发布的《关于加强家庭教育工作的指导意见》，针对其中"形成家庭教育社会支持网络"的内容，自2016年开始在全区率先开展"合格家长"课程项目，坚持以更新家长教育观念为工作核心，提倡改变传统的家庭教养方式，让家长成为能跟得上新时代发展的"终身学习者"，培养可持续发展的时代新人，探索出一条特色家校合作共育的路径。

为了全面摸清宝安区家庭教育的情况，有针对性地开展家校合作教育，宝安区教育发展事务中心家庭教育部组织近万名家长、学生、教师，针对近六十个测试项目，通过问卷调查、座谈等方式，对全区家庭教育现状进行调研，获得了珍贵的一手资料和数据，形成《宝安区家庭教育调查报告》。调研结果显示：家庭和学校对合作的理解还较为模糊；家校合作缺乏有效的沟通途径；家校合作过程

中忽视了学生的中心地位。

（二）制订"合格家长"课程方案，打造讲师团队

针对宝安区家校合作"现实的问题""时代的要求""责任的担当"，宝安区教育发展事务中心家庭教育部开发了针对性、指导性、实践性强的"合格家长"课程。在近两年的探索实践中，"合格家长"课程项目逐步建构出"身心发展""教养方式""学业发展"三大系统课程，为家长量身定制了个性化的菜单式课程。

在师资队伍建设方面，"合格家长"课程组大力培训本土种子家庭教育名师，打造优质讲师团队，为表现优异的家庭教育讲师颁发证书，激发讲师的学习积极性。除了让家长学校各分校的教师兼职培训教师外，还拓宽讲师培养渠道，广纳高校从事家庭教育研究的科研机构教师，社会机构、服务团体的相关工作人员，家庭教育成功人士与优秀家长志愿服务工作者等参与到家长学校的工作中，壮大家庭教育的师资队伍。为了加强区域间的家庭教育交流，"合格家长"项目组与杭州家庭教育指导中心开展了"合格家长"优秀课程项目师资培训活动，借助专家的团队力量，优化课程体系，丰富课程内涵。

在2017至2019年的两年多时间里，"合格家长"课程为全区23所试点学校开展了上百场讲座，参加培训的家长超过5万人次。同时，初步建立了"标准课程体系"和"讲师选拔培训标准流程"，切实完善全区中小学"家长学校全覆盖、家长教育课程全覆盖、家庭教育指导全覆盖"管理机制。

（三）深入开展"中小学家长教育三维课程开发"课题研究

2020至2021年，笔者以"中小学家长教育三维课程开发研究"这一省级课题为研究方向，组织课题组成员认真阅读和学习有关课题研究的文献资料，拓宽阅读面，增加阅读量，总结归纳家长教育的科学概念与本质，探究家长教育的内涵、主题、实施路径等。课题组成员在调查研究、收集资料及广泛征求各方建议的基础上，撰写出科学、操作性强的课题研究计划。收集资料进行文献研究，使课题组成员了解本课题研究的专业理论知识，了解本课题国内外的研究现状，了

解本课题研究对宝安区家长教育的必要性及指导意义，掌握开展课题研究的相关知识。课题组成员论证调查问卷和访谈项目，及时召开课题研究会议，论证课题方案的可行性，明确课题小组成员分工，做好成果修订和完善方案，探讨共建共享机制，积累课题开展资源。在课题开展过程中，课题组先后完成"宝安区家长教育认知水平""宝安区家长教育课程需求"调查问卷的设计、发放及收回，梳理调研结果，分析数据，形成《宝安区家长教育认知水平调研报告》和《宝安区家长教育课程需求调研报告》。

通过开展理论与实践研究，课题组明确了宝安区家长的教育需求及家长学校的教育现状，并开展教学研讨及成果推广活动，逐步建构家长学校教育三维课程体系。在课题研究的中期进行小结与反思，调查研究方向和思路，进而统筹学校、家庭、家长资源，在报刊媒体等平台及相关学校做好家长教育成果的宣传，扩大家长教育成果的普及范围。将已开发的家长教育三维课程投入部分学校实施，在实施中关注家长需求，结合学校特色，在获取课程反馈后不断完善，并与家长建立良好的合作关系。

（四）及时总结并推广课题成果

2021年6月，笔者完成家长教育教材的编写，并进一步在试点学校推进实践研究与专题研讨，推进理论研究成果的实践化探索。在分析与整理研究成果资料，完成研究报告与课题结题之后，编写整理出《中小学家庭教育指导师用书》，助力一线教师做好家庭教育指导工作。

带着问题思考宝安区家庭教育问题，以课题研究促进宝安区家庭指导的科学性和有效性，不但破解了一些家校共育工作的难题，还真正为区域家长教育课程走出了一条清晰、系统的道路。

第二节 家庭教育与家长教育研究综述

一、家庭教育思想的研究

（一）古代中国家庭教育思想

中国古代的家庭教育思想历史悠久，具有独特的文化传统和价值观念。不同朝代的思想家都提出了许多关于家庭教育的理论和思想。

中国传统价值观强调家族思想和家庭伦理，重视家族传承和亲情关系，因此，家庭教育在中国文化传统中占据着重要的地位。父母不仅要传授孩子知识和技能，还要培养他们的性格和品德。父母是孩子的第一任老师，他们的言传身教对孩子的成长具有决定性影响。在中国古代家庭教育中，行为规范和礼仪意识是非常重要的组成部分。父母教育孩子养成遵守社会规范、尊重长辈和懂得分辨是非善恶的道德观念。

古代教育思想家为中国的家庭教育思想作出了巨大贡献。孔子是中国古代著名的教育思想家之一，他强调"有教无类"，认为学习是每个人的权利；要求因材施教尊重孩子，并坚信教育能带来个人和社会的改变。孟子则提出了"教化"的思想，认为父母需要通过言传身教和模范行为来教育孩子，培养他们的性格和品德。他还提出了"父母之爱不可以偏私"和"小孩子不可以不教"两个著名的教育观点。另一位著名的古代教育思想家是荀子，他强调培养孩子的品德和学识，提出了"教育敦品"的教育理念。

在古代，父母的地位非常高，他们被认为是孩子的领导者和决策者。然而，随着时间的推移，一些思想家提出了挑战这种权威的观点。在儒家思想中，强调父母应该在爱的基础上进行教育，应该尊重孩子的意见和感受。儒家思想还提出了教育是家庭和社会共同的责任，应重视家庭和学校之间的协调与互动，促进家校合作，共同推动教育的发展。

中国传统文化中的家庭教育思想非常丰富，其中包括"家国同构"和"父慈子孝"两个重要的概念。这两个概念体现了中国传统家庭教育的深厚文化底蕴和实际指导意义。"家国同构"是中国传统家庭教育思想中的重要概念，强调家庭和国家的关系与互动。具体而言，它可以表达为家庭是国家的缩影，家庭教育的目标在于培养符合民族利益和国家需要的人才。对于传统的家庭教育来说，"家国同构"的概念非常重要，它反映了中国传统文化中重视家庭教育对国家的贡献和作用。

"父慈子孝"是中国传统文化中强调亲情关系、责任和道德的重要概念。父母对子女的慈爱和照顾，体现了他们的责任和义务，也体现了家庭教育的本质。子女应该对父母怀有感恩之心。孝敬父母是一种孝道，这种孝道表达了子女对父母的感激和尊重，同时也是一种文化传统。在家庭教育中，父母的行为和态度能够对孩子产生很大的影响。因此，父母应该树立榜样，让孩子从小就学会尊老爱幼、孝敬父母。

家族家庭教育思想是中国传统家庭教育的重要组成部分，具有丰富的文化内涵和实际指导意义。钱氏家族是中国传统家族文化的代表之一，也是一个重视家庭教育的家族。他们的家庭教育思想主要包括"家风建设""家族文化传承"等方面。他们强调，家庭应该有自己的家训、家风和家规，通过建设和弘扬良好的家族文化，传承家庭价值和信仰，培养出一代又一代的优秀人才。《朱子家训》和《颜氏家训》是中国传统家庭教育思想的珍贵遗产。《朱子家训》强调在家庭教育中培养孩子的礼、义、诚、孝等传统美德，尤其重视孝道。《颜氏家训》则注重孩子的品行和心态的教育，强调要有"修身、齐家、治国、平天下"的追求。同时，两种家训都强调教育要与实践结合，注重父母的榜样作用和温情陪伴。

梁启超是中国近代杰出的教育家、思想家和政治家，对中国家庭教育思想的影响也非常深远。梁启超在一生中一直非常重视家庭教育，提倡"家国教育"，即家庭教育和国家教育相结合。他认为，家庭教育是最基础和最重要的教育，父母应该在家庭中为孩子创造良好的文化氛围和教育环境，建立正确的道德观念和价值观念。同时，他强调家庭教育需要注意孩子的全面发展，而不是仅仅关注学科成绩。在教育方法方面，梁启超提倡"磨砺法"，即通过家庭工作和其他方式，让孩子在生活中得到磨砺和锻炼。

梁启超在他的著作中提出了一些有关家庭教育方法的建议，强调家长应该注重孩子的家务劳动，让他们在家庭中参与各种工作和活动，以锻炼身体和增加社会经验。他认为，教育应该与生活、与实际结合起来，在实际中操作和应用中学习知识。他强调教育过程应该是一种愉悦的体验，因此，在教育孩子的过程中，需要让孩子感到快乐、轻松，且充满兴趣。

中国古代家庭教育思想经历了漫长的历史沉淀和发展，包括传统价值观、教育思想家的贡献、家长权威和儒家思想等方面。这些教育思想和实践都对中国传统文化的形成和发展产生了深远影响。随着时代的变迁，中国古代家庭教育思想的影响仍在中国家庭教育实践中得到体现。

（二）现代中国家庭教育思想

随着社会的不断发展和进步，中国家庭教育思想也在不断创新和变化。国内当代家庭教育思想已经逐渐形成了一些独具特色的理念和模式。

不少国内著名的家庭教育专家纷纷著书立说。其中，赵忠心被誉为"中国家庭教育领域的一面旗帜"，其关于教育的思想深受家长和教育工作者的认可。赵忠心提出的"成长型家庭"理念，认为家庭应当从培养孩子的角度出发，注重发现孩子的潜能和特长，提供多样化的学习机会，帮助孩子实现个性化发展。此外，赵忠心还提出了多种家庭教育方法和技巧，如"做个陪伴型家长""做个推进型家长""培养习惯，塑造人格"等。赵刚是一位重视亲子沟通和情感交流的家庭教育专家。他提出"营造温馨的情感氛围"理念，旨在帮助家长提高教育效果，加强亲子之间的信任和理解。赵刚强调，父母应该始终关注孩子的情感需求，通过倾听和关注孩子，建立亲密的亲子关系。他还强调家长需要掌握一些实际操作技巧，如"认真倾听孩子的情感""及时纠正不良行为""引导孩子养成良好的行为习惯"等。关颖是一位注重启发式教育的家庭教育专家。她提出"启发教育"的理念，旨在帮助孩子发掘自身的性格和潜能，发展多元智能。同时，她还强调亲子教育的重要性和家庭教育的特殊性，认为家长应该注意家庭教育与学校教育的衔接，建立科学合理的教育模式。为此，她提出了一系列可行的家庭教育理念、方法和技巧。其中，她重点强调了诸如"成为孩子的引路人""引导孩子自主学习""适应家庭教育的不同阶段"等一系列实用的操作建议。

随着家庭教育研究的推进，国内家庭教育专家有自己独特的家庭教育理念和思想，为国内的家庭教育事业作出了巨大的贡献。他们的著作不仅涵盖了家庭教育基础理论，还提供了一系列可实际操作的方法和技巧，为国内众多家长提供了有力的指导和借鉴，起到非常显著的引导示范作用。

当代家长更加注重孩子的自主性、创造力和发展潜力，他们也更加重视家庭教育的成效。教育观念的变革也带来了教育方式的创新，父母和孩子之间的关系由单向的传统模式变为双向的、交流式的模式。倾听、尊重孩子的想法和权益，鼓励、引导孩子发挥创造力和个性，已成为当代家庭教育的重要内容。对于孩子的成长教育，不再局限于学业成绩，而是更加强调全面发展。除了基本的学科知识，孩子还需要培养丰富的兴趣爱好，发展体育运动、艺术创作等多种能力。在家庭教育中，父母不仅要帮助孩子掌握知识，在其他方面也要给予积极的引导和支持，促进孩子多元化发展。情感教育和家庭文化建设已经成为一个不可忽视的领域。家长需要注重陪伴孩子、倾听孩子，关注孩子的情感需求和发展。创造温馨、和谐的家庭氛围，培育积极向上的家庭文化，使家庭教育的作用可以得到充分发挥。家庭教育已经不再是单向的传统模式，与学校教育的协同和合作也变得越来越重要。学校和家庭应该有更加紧密的联系和合作，共同为孩子的教育成长创造良好的环境和条件。同时，教育机构也为家庭教育提供了更加多样和专业的教育资源，家长可以根据孩子的需求和兴趣选择适合的教育机构和教育课程。

当代中国家庭教育思想在不断地创新和变革，其中包括教育方式和教育观念的创新。通过不断地改进和创新，家庭教育可以更好地适应时代的发展，更好地满足孩子的教育需求，同时提高教育质量和效果。

二、家长教育的研究

（一）家长教育理论研究

家长教育是家长接受教育、科学实施家庭教育的基础和保障。林家兴认为，家长教育的教育者是正式或非正式的亲子专家，受教育者是父母；目标是提升父母管教子女的知识与能力，改善亲子关系；内容是管教子女的知识，改善亲子关系的知识。杨宝忠认为，家长教育的受教育者是家庭教育的组织者；目标是使其能更有效地了解并执行自己的职责，促进家庭关系的和谐，提高家庭教育的效率，实现家庭幸福；内容是教育未成年人的科学知识、技能、态度和观念。吴奇程、袁元认为，家长教育的目标是提高家庭教育水平；内容是教育儿童的知识和技能，提高家长自身素养的知识。李俊认为，家庭教育的受教育者是家庭教育的责任者或家长；目标是更好地承担在家庭教育中的职责，实现家庭幸福目标，提升家长自身素质；内容是教育未成年人的科学知识、技能，正确的教育态度和观念。赵刚认为，家长教育的教育者是社会教育机构，受教育者是家庭生活组织者；目标是形成正确的理解和有效地履行自己职责的能力，实现家庭幸福；内容是组织家庭生活的科学知识和技能，培养正确的生活态度和价值观念。洪明认为，家长教育的教育者一定是家庭教育指导方面的专业人员，受教育者是父母或者准父母；教育目标是改变家长育人素质，使之更加适应家庭教育的需要，提高胜任能力；内容除了包括教育家长及家长对子女实施教育的两个维度，还包括家长在教育子女的过程中应该具备的知识、技能、动机、情谊、思维方式和行为模式等。

在属性方面，当前研究明确了家长教育本质属性为"成人教育"。家长之所以接受教育，根本原因在于自己已有的知识和经验无法满足教育子女的需要。虽有相关文件对家长的学习方式、接受指导的方式作出相应要求，但本质上还是采取自愿的原则。从国外的家长教育状况来看，各种家长教育项目都是以家长学习需要为基础进行设计，项目推广服务是服务家长需要，以解决家长教育困惑的方式吸引家长。家长教育的成人教育属性决定了只有在家长愿意接受的情况下，才能向他们提供服务。

已有的研究表明，从家长、孩子、家庭及社会四个方面进行探讨，家长教育在提高家长素质和家庭教育的水平与效益的基础上，以实现全面提高全民族的文化与素质为终极目的。首先，家长教育助力家长在家庭教育过程中达到人格重塑、价值重构的效果，促进价值的自我实现。其次，家长在进行家庭教育过程中积累的育儿经验，既有有效的部分，也有一些错误的做法。因此，进行专业化的家长教育有利于家长剔除生活经验中的错误与无用之处，学习科学、健康的新知识，逐步提高自身素质，对孩子产生正面、积极的引导作用，将科学的教育观念、正确的道德观念传递给孩子，促进孩子养成良好的生活习惯、行为方式，形成正确的价值观，拥有健康的心理，逐步发展成为合格的公民。最后，随着《中华人民共和国家庭教育促进法》的实施，家庭教育不再仅仅是家事，而是上升为国事。家长科学的教育将促使家长与孩子之间的关系和谐、稳定地发展，家庭氛围发展良好，从而促进社会稳定。家长教育成为推动物质文明、精神文明发展的重要力量。

（二）家长教育课程研究

1. 国内家长教育课程研究情况

我国重视家长教育大概始于20世纪90年代。笔者从中国知网近十年的文献检索中发现，涉及家长学校课程资源的文献较少。杨俊在《小学家长学校课程体系建构探索》一文中指出，小学家长学校课程体系的建构必须具备预见性、发展性、适应性等特点。文兴友从教学时间和教学内容的角度，提出家长学校的教学方法和时间安排均要灵活多样，方式上要注重沟通交流，时间上则需要配合家长合理安排；教学内容可根据孩子身心特点以专题讲座的形式进行。朱慧珍从教学方式的角度出发，认为应探索家长学校交流与共享的双向互动教学活动和授课形式，包括角色扮演式、经验回顾式、小组讨论式和广场咨询式。朱静怡从活动形式的角度，介绍幼儿园家长学校中关于讲座和家长开放日两种课程活动的详细课时安排和活动流程。杨俊则从课程体系的角度，提出小学家长学校课程体系构建的核心理念包括前瞻性、先进性、实用性和弹性等，并将家长学校的课程目标细化为若干级目标，提出家长学校的课程内容体系包括掌握科学的教育方法、掌握家庭教育的基本知识和先进的教育理念。肖红球在《中小学家长学校课程设计研究》中指出，课程是教育活动的思想和灵魂，需要通过课程设计将课程基本理念转化为课程实践活动。在2018年9月发布的《全国家庭教育状况调查报告（2018）》中，"有温暖的家"排在了学生认为人生最重要的事情之首位。为此，南京市拉萨路小学成立了家长成长学院，提倡家长们做好"陪伴式"教育，不做"盯岗式"父母。陪伴的基础是了解孩子，最关键的是家长们也需要不断学习。家庭成长学院六年的课程安排指向家庭教育的五大领域：身心健康、行为习惯、阅读能力、意志培养、个性塑造。卓张众、蓝秀瑜提出，通过构建学校、家庭、社区"三结合"的家长学习交流网络开展"六级"家长课程。其中，"六级"具体指的是主题家长会课程、公益家长学校中学家长班课程、公益网上课程、实践活动课程、个案咨询课程及家长自助课程，致力于家长科学的家庭教育理念的培养，提高家长素质和家庭教育水平。王德军认为，家长教育内容重要的不是空洞理论的讲解，而是要指导如何解决实际问题。学校家长教育课程设置一定要基于学校实际情况，如学段、生源、地域文化等，选择有助于解决家长教育困惑的内容，以方便家长学习的方式开展。家长课程设置采用"必修＋选修"菜单式课程模式，解决统一性和个性化兼容的问题。家长课程学习须网络化，课程开发须协同化，家长参与家长教育课程建设不仅要了解学校、了解学生，还要具备解决具体家庭教育问题的能力。学校可以联合家长开发亲子活动课程。郑州市金水区文化路第一小学建设的"知行院"家长教育课程立足社区实际，肩负起"教育孩子，影响家长，引领社区"的使命和责任，从家庭教育的真实需求出发，致力于构建系列家长教育课程。"知行院"家长教育课程包括问道课程（引导家长了解儿童成长规律，学会科学养育）、齐家课程（引导家长明确家庭成员在家庭教育中的角色和责任，具备家庭管理等知识和技能，形成良好家风）、同行课程（让家长了解家庭、学校、社会合作的重要性，养成积极主动与学校及教师协作的习惯，并能积极参与家长校本课程的开发与实施，参与学校和社区组织的志愿服务活动）三大类。此外，我国一些地方为提升家长教育水平，充分发挥社会在家庭教育中的重要支持作用。如沈阳市沈河区社区学院经过前期的调查和研讨，开发了家长学苑系列课程，其中包括幼儿早教、亲子体验、代际关系及家风传承等课程。

2. 国外家长教育课程研究情况

布朗芬布伦纳发现，影响儿童成长的家庭、学校和社区等是一种整体合作"生态系统"的关系。鲍文提出了家庭系统理论，将家庭看作一个系统，强调家庭及其个体成员的整体功能。他认为，每一位家庭成员都在家庭中扮演独特的角色，他们之间紧密联系、相互影响，其中任何一位家庭成员的变化都会引发其他家庭成员发生相应的心理情绪、行为等变化。德国教育家福禄贝尔曾提出，国家的命运更多地掌握在母亲的手中，而不是在有权有势的改革家手中。德国非常重视家庭教育，认为幼儿园的教育无法取代家庭教育，有子女的家庭，父母通常有一方不上班或者只上半天班，以便有时间教育子女。家长的教育素养会直接影响孩子的健康成长、和谐家庭的圆满建立和国民素质的整体提升，而家长教育便是提高家长教育素养的重要途径。许多国家及国际组织都呼吁，应普遍推广优质的家长教育项目。

美国有学者把家长学校同家长教育区分开来，认为美国的家校合作类型有六种，家长教育便是其中之一；家长教育又包括开展家长学校、举办育儿讲座、宣传教育科学知识等。《法国的家长学校引人关注》一文主要是从家长参与的程度和培训过程介绍"培训班是在家长自愿的前提下进行的，通过警察局、宪兵队、省议会和检察官代表找来家长，首先家长述说自己遇到的麻烦，然后培训工作者介入，总结他们教育孩子遵纪守法可以采取的办法"。王俊介绍澳大利亚家长参与学校教育的经验和现状，则从课程内容和形式的角度，指出通过非正式的访谈、电话、建立家长访问中心等方式，对家长进行人际交往和交流技巧两个方面的培训。

苏联著名教育家苏霍姆林斯基在《帕夫雷什中学》一书中，就从课时、课程形式、课程内容等方面介绍了该校家长教育开展的具体情况：家长们在自己孩子上学前两年就进家长学校，一直学习到孩子毕业为止。心理学和教育学为250个课时，按孩子年龄分班，每班每月上两次课，上课的基本形式是校长、教导主任和最有经验的教师讲课和谈话，教学大纲是师范学院相应课程的全部章节，包括体育、智育、德育等内容。

新加坡在2002年向家长开设的课程有建立自信、了解孩子、自律策略、有效沟通技巧、建立和谐的婚姻并养成健康的生活方式、凝聚家庭成员、学习理财技能、平衡工作与生活之间的关系等。据调查，通过这些课程的学习，家长们受益颇多，觉得能更好地教育孩子了，有些错误的教育方法得到了纠正，家庭关系也更加和睦。

很多国家已经认识到家长对孩子教育的重要性，且一些国家相继探索家长课程以促进家庭教育效果的提升，但每个国家的做法存在着差异。

第三节 中小学家长教育课程建设的研究背景与研究视角

"家庭是人生的第一个课堂，父母是孩子的第一任老师。孩子们从牙牙学语起就开始接受家教，有什么样的家教，就有什么样的人。"全国妇联、教育部、中央文明办共同颁布的《关于进一步加强家长学校工作的指导意见》指出，家长学校是宣传普及家庭教育知识，提升家长素质的重要场所，是指导推进家庭教育的主阵地和主渠道。这也回应了广大家长提升自我素质与家庭教育胜任力的需求。家长并非天生就掌握家庭教育的知识与技能，虽然在孩子出生后其就被赋予父母的角色，但长期抚育所需要具备的知识结构需要全面升级，特别是随着社会经济的急速发展，在新的时代背景下，对家长有新的要求。要解决这些问题，关键是进一步完善家长教育内涵，建立以家长提升家庭教育胜任力为核心的课程体系。通过完善的学习体系和管理方式，家长有一个乐学氛围，能学有所成、学有所得、学有所用，从而提升自我发展动能。教育的本质是激发个体意识和行为张力，在自我教育中激发家长的主体地位，社会、学校积极探讨家长教育内涵，培养家长教育观念，关注家长学习体验，追求更高层次教育，进而实现帮助家长、发展家长、助力孩子成长的目的。为此，教育工作者在开展家长教育工作时，应明确家长的必备品格和关键能力，思考家长需要培养什么样的孩子，思考"立德树人"的问题，寻找合适的途径，从而促进家长教育课程的不断优化、深化。

一、研究背景

（一）推进家长教育课程开发与实施有着强大的政策支持

家庭教育对于青少年的健康成长具有基础性作用，家长的素质关系到家庭教育的效果，关系到民族的人才培育。开展家长教育已经引起国家的高度重视，形成社会共识。这些共识体现在党和国家的教育法律、政策的重要内容中，如《中华人民共和国民法典》明确规定，"夫妻共同承担未成年子女抚养、教育和保护义务"；2019年颁布的《中共中央 国务院关于深化教育教学改革全面提高义务教育质量的意见》明确提出，要"重视家庭教育"，强化家长监护主体责任，要求"家长要树立科学育人观念，切实履行家庭教育职责"；2021年颁布的《中华人民共和国家庭教育促进法》明确指出，法规涵盖所有家长，包括不同阶段及特殊家庭家长，从国家和社会各层级为家庭教育提供广泛指导、支持和服务。

（二）推进家长教育课程开发与实施有坚实的理论支持

理论界从不同角度阐述了家长教育的内涵、概念、特征，笔者通过对各大期刊载文总量的分析发现，文献基本偏向理论期刊，且质量较高。其中，《教育科学研究》《中国教育学刊》《西南大学学报》等刊发的相关文章占比较高，李洪曾、陈晶琦、杨天平、洪明等专家的研究方向集中在教育理论上，具有很强的专业性。笔者通过分析还发现，当前参与家长教育研究的学科涉及社会学、人类学、教育学、心理学、医学等，其中，教育学领域中的教育理论与教育管理、成人教育等约占学科整体研究分布的一半。家长教育在成人教育等理论研究方面有很大建树。家长教育概念逐步清晰，内容也得到进一步的完善。通过开展专门的教育，家长对以往的生活经验进行整理、反思、总结，剔除其中无效成分。家长通过专业学习，更新观念，积累经验，学习解决问题的新方式，提升家庭教育胜任力，从而进行健康且美好的家庭教育。这已成为家庭教育理论界的共识，也为家长教育的课程开发与实施提供了丰富的理论基础。

（三）推进家长教育课程开发与实施是区域发展的需要

根据2018年面向宝安区的家庭教育状况调研显示，宝安区家庭教育存在以下问题：

1. 家长认知水平存在较大差异，角色胜任力有待提升

宝安区大部分学校地处城乡接合部，85%的家长是外来务工人员，高中以下学历的家长占总数的64.7%，家长学历普遍偏低。从不同学历的家长在家庭教育认知水平上的差异性来看，家长的学历越高，对家庭教育越重视。家长的学历不同，对教育的重视程度不同，对学习环境的重视程度不同，对学习方法的理解也不同。学历层次在一定程度上反映了文化水平，而家长的文化水平在某种程度上也决定着家庭教育的思想与方法。

根据家庭教育者的学历分布及调研统计分析结果（不同学历的教育者认知情况有显著差异），在设计家长教育课程时，须结合宝安区的实际情况，注重课程的有效落地，如课程内容的设置应合理、课堂讲解应更通俗易懂，尽量让每一位家长都学有所获。

2. 家庭教育越来越高的要求与家长素质偏低的矛盾

随着社会的发展、科技的进步，我们进入信息网络时代，对家庭教育的要求越来越高，家长对孩子进行正确、科学的教育、引导和培养也变得越来越重要。

3. 绝大部分家长陪伴孩子的时间较少

从家长每天工作时长调研结果来看，超六成的家长要工作8~10小时，更有12.8%的家长要工作10小时以上。而根据统计结果表明，"工作10小时以上"的家长的认知情况得分明显低于其他家长，陪伴孩子的时间更是有限。教育频度与家长的工作时间、职业类型紧密相关。最好的爱就是陪伴，而宝安区家长大部分忙于生计，很少有时间和精力与孩子互动，大多无暇辅导孩子的学习，更不用说制订详细的教育计划了，家庭教育状况堪忧。比如，从孩子闲暇时光的活动安排情况来看，家长会利用闲暇时间来陪伴孩子，然而对于孩子的闲暇时光，80%的家长并没有太多规划。这提醒我们，不仅需要注重每天工作10小时以上家长的家庭教育意识的培养，更要通过相关课程教会家长如何利用好空闲时间陪伴孩子，做好家庭教育工作。

4.家庭教育动力充足，但家长教养方式及能力有待加强

家庭教育大致可分为民主型、随意型、溺爱型和控制型。调查参与者根据自己的实际情况对家庭教育进行归类，由调查结果可知，58.05%的受访家长认为自己的家庭教育类型是民主型。民主型在四种家庭教育类型中占比最大，其次是随意型和控制型，分别占调研总数的29.21%和10.47%，占比最小的是溺爱型，仅占调研总数的2.27%。

从调查结果来看，家庭教育采取控制型的约占10%。我们通常认为，控制型、溺爱型和随意型的教育方式是不良的教育方式，而民主型是良好的教育方式。从本次调查研究中我们也看到了，采用民主型教育方式的家长认知得分明显高于采用其他教育方式的家长。但是，父母采取什么样的教育方式会影响教育结果，却并不能决定教育结果，决定教育结果的是父母对孩子的教育能力，即帮助孩子和改变孩子不良行为的能力。即使采用民主教育的方式，如果不讲究方法、不能说服孩子，同样也会使孩子产生反感。因此，在教育孩子的过程中，父母的教育能力就显得非常重要。在本次调查中，通过一些座谈活动我们看到，父母教育能力的缺乏还表现在了解孩子的能力、协调与孩子关系的能力、与孩子沟通的能力、评价孩子的能力、保护孩子的能力等方面。

（四）推进家长教育课程开发与实施是学校工作的需要

在2018年的宝安区家庭教育状况调研中，部分学校比较重视家长的需求与课程的建设。一方面，能根据学生身心发展的不同阶段对家长进行培训，对家长的需求和课程内容进行进一步的发掘和细化；另一方面，将家长教育课程作为学校课程体系建设的一部分。但是，部分学校没有进行家长教育课程体系的建设，容易导致家庭教育培训的随意性和碎片化。

在参加调研的16所家长学校中，学校兼职教师具备家庭教育方面理论知识的有13所，大部分家长学校的兼职教师具有家庭教育方面理论知识，但还是有部分家长学校的兼职教师并不具备家庭教育方面的理论知识，急需提升家庭教育专业素养。家长学校兼职教师的家庭教育理论水平会直接影响学校家长教育课程的开发水平和培训的专业性、有效性。家长在家庭教育中遇到问题时渴望得到教

师的指导，而教师也非常希望能在家庭教育培训中提升自己的家庭教育指导水平，以便能更好地指导家长。调查表明，90.83% 的受访教师愿意积极报名参加家庭教育专题的培训，89.05% 的教师会阅读家庭教育类的图书，大部分教师有较强的学习家庭教育相关知识的动力。调查中发现，对于"您认为家长在家庭教育中存在的最大问题是什么"，大部分受访教师认为，家长在亲子沟通方面存在的问题最大，其次是没有时间陪伴孩子，对孩子的教育缺乏耐心和方法。

目前，各学校开展家庭教育的主要形式为讲座，87.5% 的学校都采用了该种形式；其次为咨询和论坛，37.5% 的学校采用了该种形式；18.75% 的学校则开展体验活动。由此可见，学校的家庭教育培训或活动的开展形式比较单一。对学校来说，讲座是一种相对容易开展的家庭教育培训形式。它受众广，但是针对性较弱，难以满足家长的全部需求。而开展多种形式的家庭教育培训或活动有助于针对家长的实际问题进行指导，更贴近家长的实际需要和多样化的需求。因此，家长学校培训形式的创新，应当成为学校家庭教育工作的一项重要内容。

二、研究视角

在家长教育课程设计中，以孩子发展为主体是至关重要的。这意味着课程开发者要从孩子的视角来思考，尊重孩子的意愿和需求，以利于孩子成长为根本出发点。因此，在课程中的每一个环节，需要紧紧围绕这一理念，以支持孩子发展为研究视角，组织课程内容体系。

（一）核心：关注孩子的内在需求

关注孩子发展的需求，满足孩子发展的需求，是家庭教育的核心意识。孩子的需求因年龄、性格、环境等因素的不同而不同，家长需要关注孩子的内在需求，并提供相应的支持。例如，年幼的孩子需要家长的关爱和呵护；学龄期的孩子需要家长的教育和指导；青春期的孩子需要家长的理解和支持。只有关注孩子的内在需求，才能给孩子创造一个良好的家庭环境，从而促进孩子的发展和成长。

（二）目标：培养孩子的积极情感与行为，提升自治能力

家长教养的目标，不仅仅是教授孩子知识和技能，更重要的是培养孩子的积极情感与行为，最终具备自治能力，让孩子成为一个有亲和力、有同情心、有责任心、有自信的人。家庭教育应教会孩子如何面对挫折和困难，鼓励孩子独立思考，引导孩子尊重和理解他人等。家长要注意孩子的言行是否积极向上，及时纠正孩子的不良行为，让孩子养成良好的行为习惯。

（三）重点：营造良好的家庭氛围

营造良好的家庭氛围是家长教育的重点。一个温馨、和谐的家庭，才能让孩子感受到爱和关怀，让孩子的心灵得到滋养。家长的言行举止、家庭教育理念及对事物的态度，都会对孩子的情感和性格产生影响。家长应该注重家庭生活的品质，尽可能地为孩子创造积极向上的环境，让孩子感受到家的温暖和美好。

随着社会的不断发展，家庭教育日益受到重视，越来越多的家长开始关注和研究如何更好地教育孩子。而对于家长来说，了解孩子每个阶段的身心特征，是非常重要的一步。只有这样，才能根据孩子的特点和需要，科学地制订出合适的教育方案，给孩子恰到好处的关注和支持。7~12岁的孩子已经进入学龄阶段，在这个阶段的家长需要通过综合素质教育，开展多样化的活动，让孩子能够逐渐了解自己的兴趣爱好，并且培养出某个方面的专长。同时，家长也要引导孩子树立正确的人生观，让孩子能够认识到自己的责任和义务，在学习和生活中能够始终保持一颗善良、正义和努力的心。在这一阶段，家长还应该更多地合理利用物质资源，如购买优秀的图书、参加有益的活动等，在学校教育的基础上，让孩子得到更多针对性的辅导。家长还需要督促孩子完成作业、做好考试复习等，及时关注孩子在学习中的困难和问题，积极配合学校或教师加以解决。

13~18岁的孩子已经进入青春期，开始逐渐走向成熟。这个阶段的孩子经常表现出反复无常、叛逆情绪等，家长需要建立良好的沟通桥梁，引导孩子有意识地去面对矛盾和问题，让孩子逐渐独立，成为有思想、有创造力和有担当的人。除此之外，家长还要关注孩子的心理健康状况，扮演好安全防护员和心理咨询师的角色。在孩子中学阶段，家长可以提供更多的资源支持，如介绍相关领域的人

员给孩子，让孩子更好地了解行业发展动态、自身的发展方向及就业前景等。家长还可以开展学习体验式活动，让孩子亲自参与课题研究等，充实知识，提高能力。

家长只有充分了解孩子在每个阶段的身心特征，才能更好地根据孩子的实际情况，提供适当的教育支持和资源支持，积极配合孩子的学习和发展。家长要结合孩子的年龄身心特点开展教育，让孩子在各个阶段获得更完善的学习支持，更好地实现学业发展目标，并且能够在全面发展的同时，逐渐成长为独立、有担当的人。

以孩子的发展为主体，才能让家长教育课程真正发挥出应有的价值。在课程中，我们应该注重培养和关注孩子的兴趣、独立性、全面发展和情感发展，同时教育家长保持积极的态度和耐心。只有这样，才能成为在孩子成长的路上值得依赖和信赖的良师益友。家长教养能力的提升是一个长期的过程，需要家长不断地反思和学习。只有家长不断提高自身的教养能力，才能为孩子的发展提供更有利的条件，让孩子走上成功之路。

家长在孩子的学业发展早期阶段，应该注重提供充足的文化资源，尤其是启蒙教育方面的资源，如童书、文具、教具等，以充分激发孩子的学习兴趣和好奇心。此外，家长也需要积极配合幼儿园的教学需求，充分发挥家庭与学校之间的联合作用，让孩子充分感受到学习的愉悦和成功的喜悦。

第二章 中小学家长教育三维课程建设理论

◎ 中小学家长教育三维课程建设的含义与意义

◎ 中小学家长教育三维课程建设的理论基础

◎ 中小学家长教育三维课程建设的目标与思路

第一节　中小学家长教育三维课程建设的含义与意义

一、何谓"家长教育"

关于家长教育的概念，虽表述不一，但概念内涵基本一致，都认为是指以家长（成年人）为研究对象，以提升自我修养、家庭教育质量、教育技能为主要内容，达到提高家长家庭教育胜任力及家庭生活质量的目的，而对成年人进行的一种教育培训活动。家长教育通过专门的教育，使得家长对以往生活经验进行总结、反思与整理，剔除其中的错误与无效成分。同样，家长通过专门的学习更新生活经验，学习解决问题的新方法，提升家庭教育胜任力，从而进行完满且健康的家庭教育。

家长教育具备以下三个方面的重要特征：其一，家长教育的规定性特征是自愿。在家长教育实践活动中，课程应以家长的学习需要为基础，用解决家长教育困惑的方式来吸引家长。因此，家长教育的成人教育性质决定了只有在家长愿意接受的情况下，中小学校才能向他们提供教育服务。其二，家长教育是非正规教育，家长接受教育的目的不在于自身获得外在认可，而在于能否真正提升自己的家庭教育水平，是否有益于解决自己在教育子女上所遇到的问题与挑战，目的性与实用性较强。其三，家长教育是面向成年人的继续生成性教育，是"统一性和个性化相结合""补救性、预防性和发展性相统一"的教育。作为一种预防式、补救式的教育，家长教育从源头开始对可能出现问题的家庭提供预防性知识，对已经出现问题的家庭提供补救式的家长教育，促使家长合理解决问题，提高教育能力，不断提高家庭生活质量，实现家庭幸福的目标，促进家长终身学习。

二、何谓家长教育课程建设

《教育大辞典》将课程建设定义为课程规划（教学计划）、课程标准（教学大纲）、教学用书（课本、教学指导书等）和教学设备目录等全部工作。家长教育课程建设，是家长学校在常态化实施家庭教育指导和服务的过程中，根据家长这一学习主体的需求，对课程目标、教学内容、教学目标等进行设计、编订、实施，并得到最终结果的一个过程。它包括课程目标的拟定、课程内容的选择和组织、课程实施策略、教学过程的评价、教材修订等。

当前，我国家长教育课程建设已有些成效，有关部门出台了具有统领性的全国家庭教育指导大纲，指导各地开发适宜的家长教育课程。但仍存在系统性不够、针对性不强、培训形式单一等问题，主要原因在于家长学校课程建设缺乏顶层设计，导致出现课程供给与家长需求错位的情况。因此，立足于区域家长需求的中小学家长教育课程开发显得极为重要，其不仅有利于提升课程建设的整体规划意识，还能切实推动各学段家长教育的具体实施，提升课程开发的科学性、系统性和针对性。

三、中小学家长教育课程建设的意义

课程是教育的重要载体，家长学校课程是家长学校规范、有效、持续运行的核心要素，是提升家庭教育素养和家长角色胜任力的基本保障。因此，建设中小学家长教育课程意义重大。

第一，为家长营造终身学习的氛围，提升家长的家庭教育能力。许多家长在陪伴和教育孩子的过程中，往往只关注孩子的成长和变化，却忽视了自我的提升，依然"穿新鞋走老路"，沿用上一代人教育子女的方式对待新时代的孩子，自然就发现过去的方法用在现在的孩子身上"不灵"了。如有的家长依然抱着"不打不成器"等类似的错误思路教育孩子，导致家庭教育走向误区。在中小学开展家长教育，可明显提高家长的角色胜任力。

第二，为孩子营造健康的家庭环境，促进孩子健康全面发展。"父母是孩子的第一任老师，家庭是孩子的第一所学校。"我们每个人的启蒙教育其实都是从家庭开始的。家长注重家庭教育，且通过课程的学习掌握了科学的教育方法，懂得根据孩子不同年龄段、不同个性志趣的需求营造健康的成长环境，对孩子的教育就会事半功倍，也必然能真正为孩子的可持续健康成长助力。

第三，促使家长调整教育思路，运用正确的教育方式教育孩子。通过系统且持续的家长教育课程的学习，家长完全可以掌握目前较为先进的教育方法，对提高自身文化水平、品格素养等也都有帮助。而随着家长教育素质和教育意识的提高，其参与学校教育的意愿也会越来越强。

第四，可促进家校合作，构成培养合力。在新的时代背景下，将下一代培养成未来的建设者，仅凭借学校及教师是难以达成的，还要运用好家庭及社会的资源。现实中，大部分家长会因为个人工作安排及思想认识等问题，将孩子完全托付给教师，并将把孩子送入校园视为尽到家长的责任。家长也不会主动和教师交流，根本不了解孩子在学校的状态。这种现象反映出家校联合尚未构成体系，而且家长配合度并不高。开发家长教育课程并在家长学校常态化推进实施，不仅为家校沟通创造机会，还能在指导和服务家长的同时让家校关系更紧密。

第五，能够提升学校方面的教育教学效果。各中小学实施家长教育课程，能有效提高家长参与学校管理的积极性。而家庭参与是学校管理改进的重要途径。通过家长教育培训活动，家长有机会给学校管理者提出建议。而学校管理者可参考家长的想法，基于教育实际，调整管理方法，为优化教育教学效果提供辅助。

四、"三维课程"的具体内涵

家庭是一种结构性的存在，是家长和孩子相互作用、相互影响，并由这种状态形成的相对稳定的联系模式。本书阐述的家长教育三维课程，根据家庭的特征，从孩子成长、家长提升、家庭发展三个维度出发，对应开发"身心了解课程""教养方式课程""学业支持课程"，帮助家长立足孩子身心发展规律，更新家庭教育理念，改进家庭关系及教养方式，最终达成促进家庭和谐及培养未来人才的目标。

（一）身心了解课程

立足于孩子成长。主要解决家长了解孩子的问题，了解孩子的身体、心理发展情况，以学段为单位开设课程。主要理论依据和涉及领域包括发展心理学、性健康教育、青春期教育等。课程通过开展诸如"认识你的 N 岁孩子""如何预防孩子手机沉迷""正确看待初中生异性交往现象"等课例教学，帮助家长了解孩子的身心发展规律，为孩子的身心健康发展保驾护航。家长通过学习，可以提升对孩子进行"体"的教育的能力，协助孩子完成每个年龄阶段的生命发展任务，塑造孩子的健康人格。

（二）教养方式课程

立足于家长提升。主要解决家长自我提升的问题，以体验与分享活动为主，帮助家长更新理念，改进方法，胜任父母角色。着眼于解决家庭中常见的亲子矛盾，就"认识教养方式类型""帮助孩子建立规则意识""如何支持孩子走向成年的担当"等话题开展学习。家长通过学习，可以提升对孩子进行"德"与"劳"的教育能力，构建家庭成员之间的和谐关系，增强家庭融合力。

（三）学业支持课程

立足于家庭规划。主要解决家长帮助孩子发展的问题，以年级为单位，帮助家长掌握每个年级孩子的学习智力发展情况及学习特点，掌握培养孩子学习习惯和训练孩子学习的有效方法。聚焦适应未来的核心素养与人才需求，着重引导家长对孩子进行"智"与"美"的教育。课程重在指导家长在"培养孩子学习习惯""帮助孩子应对学习挑战""指导孩子为多元升学做准备"等切实的学习节点为孩子提供有效的支持，让孩子为未来学业与职业生涯发展做好充分的准备。

第二节　中小学家长教育三维课程建设的理论基础

一、让·皮亚杰认知发展理论

　　让·皮亚杰是当代认知发展理论领域的重要学者之一，他提出的认知发展理论对于教育研究者、教育实践者及家长都有着重要的参考价值。认知发展理论可以分为四个阶段：感知运动阶段（0~2岁）、前运算阶段（2~7岁）、具体运算阶段（7~11岁）和形式运算阶段（11岁及以上）。根据该理论，儿童通过不断地适应和调整，构建出自己的认知结构，从而在认知上发生质变。每个阶段有其独特的认知特征，如逐渐意识到物体的存在、信仰、逻辑思维等。儿童在发展过程中通过构建认知架构，不断地适应和调整自己的认知，从而具备越来越复杂的认知能力。

　　感知运动阶段是基础阶段，大约在0~2岁，是人类生命周期中认知发展最重要的时期。在这一阶段，婴儿通过感觉器官和运动组织感知世界，建立感性认识，缺乏语言能力，无法使用符号化思维，无法理解抽象概念，通过直接感知和动作操作进行认识，逐渐掌握物体的特性、形状、大小、位置等。婴儿自身的情感和意愿对认知的影响非常大。感知运动阶段的孩子主要通过动作探索世界，教育者可以采用各种形式的游戏和活动，引导他们探索和体验物体，让他们在实践中掌握各种概念和知识；还可以通过创设情境，引导他们在实践中理解和掌握相关的知识，从而提高感知能力和认知水平。

　　前运算阶段是认知发展理论中的第二个阶段，大约涵盖了儿童2~7岁的发展。在此期间，儿童开始使用符号和图像，构建起了复杂的思维，特别是想象力和符号运算能力有了很大的提高，开始能够思考并解决关于空间和时间的问题。此外，这个阶段的儿童常常没有批判性思考能力，只是接受事物的表面特征，而不能深入理解、分析和推理。这个阶段的儿童需要受到适当的支持和指导，以实现他们的认知发展。研究表明，儿童在此期间需要积累广泛的经验和知识，特别是与实际生活及他们身边的环境有关的经验，需要在大人的帮助下掌握一些重要的概念和技能，如数学、字母、颜色、时间等。将情境注入课堂中，使学习内容更加有意义和相关，可以增强儿童的学习兴趣和学习动力。鼓励儿童体验和探索新的知识，有利于促进他们的认知发展。

具体运算阶段是认知发展理论中的第三个阶段。在这个阶段，儿童能够发展出更具体、深入的思维能力，特别是逻辑思维、分类能力或组织能力；开始能够进行逻辑思考，能够遵循基本的逻辑原则，如遵循顺序、分类和因果关系；能够理解和应用概念和分类，能够将事物或事件分组或分类，根据这些规则进行推理和推断，能够组织材料和信息，把一件事情分解成几个部分，并将它们组合起来形成更大的整体。在这个阶段，家长可以为儿童提供既具有挑战性又能够解决具体问题的任务，推动他们的认知发展；帮助儿童建立逻辑思维和分类技能，并提供应用这些技能的机会；可以组织小组讨论和互动式的活动，鼓励儿童沟通和协作，帮助儿童建立社交技能，并提供充分发挥认知能力的机会；可以提供适合儿童阅读的书和材料，帮助他们理解并扩充语言和概念，进一步提高他们的分类和组织能力。

形式运算阶段在其认知发展中达到的最高阶段通常出现在12岁左右。在该阶段，儿童开始展现出高级认知过程的各种形式，并且能够运用逻辑推理的方式组织各种材料、信息和想法，从而解决比较抽象和复杂的问题；能够运用更加抽象和规范化的思维，如运用形式逻辑推理出正确的答案；能够运用符号表示抽象和复杂的思想，并且不再完全依靠简单的实物和观察作为思维和沟通的基础；可以通过符号的方式处理各种复杂的概念；能够运用抽象概念，并且有能力利用各种概念来处理信息和进行推理。在这个阶段，儿童需要更多的教育支持，需要完成更加困难和有挑战性的任务，发展高阶思维。此外，对于孩子的成功，家长要给予肯定和鼓励。

在每个阶段，儿童的思维模式和认知结构都存在差异，教育者应该采用适合儿童认知特点的教学方式和策略，为儿童提供适合阶段特点的助学工具和教学材料。例如，在感官运动阶段，应该为儿童提供多样的感官体验、动手实践的机会；在前运算、具体运算等阶段，应该提供符号化的学习材料和工具，帮助儿童理解逻辑关系和符号表示。了解儿童的认知发展，可以帮助教育者理解儿童行为的本质，从而根据儿童的需要进行教育和教学。在家庭、幼儿园、小学等各种场所中，教育者可以采用多种策略，激发儿童的学习兴趣和动机。在教学中，教育者应该注重安排学习活动，提供多样化的学习经验。在评价和奖励方面，教育者也应该根据不同年龄段儿童的认知特征，激发他们的学习积极性和探索兴趣。

二、埃里克森人格发展八阶段理论

埃里克森是20世纪著名的发展心理学家之一，他提出的人格发展八阶段理论对心理学和教育学领域都产生了深远的影响。他的理论主要关注人类在人格不同发展阶段所面临的个人成长和社会化经历。埃里克森的人格发展八阶段理论源自弗洛伊德的心理分析学说，但他提出的阶段模型更强调文化和社会化的影响。他认为每个阶段心理问题的成功解决都会对之后的成长产生影响。

学龄期是埃里克森人格发展八阶段理论中的第四个阶段，勤奋和自卑是学龄期儿童的两个重要特征。勤奋可定义为一个人为实现目标而努力奋斗的态度。在学龄期，勤奋可能表现为对学校功课的投入，对事物的热爱，以及对体育、艺术等活动的参与度。与之相反，自卑则是一种消极的自我感觉，可能会让一个人感到失败或不足。儿童自身的特征和个性能对勤奋和自卑感产生影响，具有内在动机的儿童可能更容易在学业和爱好上表现出勤奋的特征，同时具备较强的自尊和自信，而那些经常受负面情绪影响的儿童就可能会表现出自卑、消极和逃避的特征。家庭环境和学校环境是影响学龄期儿童勤奋和自卑感的关键因素。家庭环境可以让儿童感受到支持和鼓励，也可以让儿童感到不受欢迎或失败。学校环境则可以让儿童感受到成功和自我成就，也可以让他们感到沮丧和自卑。社交支持也可以对学龄期儿童勤奋和自卑感的心理发展方面产生重要的作用。如何与同龄人、教师和家长相处，如何被抚养和提供支持，都将影响他们的行为和情绪。一一般来说，具有高勤奋水平的儿童往往表现出较低的自卑感。因此，家长和教育工作者应尽可能鼓励和促进儿童积极学习和参与，以减少他们的自卑感和负面情绪。

学龄期儿童勤奋和自卑感的心理发展对其未来的人生发展具有重要的影响。成功的人生，需要勤奋、信心和自尊心的支持，而缺乏这些特质则有可能导致自卑、缺乏信心和失落等不良后果。同时，不同家庭的教育环境、儿童的特殊性格、自我认同和体验等均会对勤奋与自卑感的心理发展产生影响。因此，教育工作者需要关注这些问题，并以恰当的方式指导儿童建立积极的自我认知和价值观。

青春期是人生发展中的一个关键时期，主要涉及自我同一性和角色混乱两个方面。自我同一性指个体对自己的认识和理解，包括自己的价值观、情感和行为等方面。在埃里克森的理论中，青春期是形成自我同一性最为重要的时期，人们通过学习和掌握各种技能来了解自己的身份和角色，同时也面临着选择自己身份的艰难任务。在这个阶段，个体的发展取决于其所处的社会和文化环境，如性别、阶级、家庭等。通常情况下，个体会通过不断重新思考其基于原则的自我建构，来最终确定自己的身份，并建立个人的价值取向。研究表明，缺乏自我同一性的青少年更容易出现抑郁和心理偏差，因此，青少年的身份和身份认同的有效建立尤为重要。角色混乱指的是青春期个体在建立自我同一性过程中所面临的矛盾和挑战，即融合不同的社会角色和期望。这种混乱可能导致认知、情感和社交领域的不适应、逃避或抵抗。文献研究显示，影响青春期个体角色认知的主要因素有：身份探索、文化和家庭环境、性别和性别角色。角色混乱是青春期个体面临的一种挑战，而缺乏健康的心理和准确的自我认知的青少年，往往更易受其影响。在青春期，个体不仅面临着自我同一性和角色混乱的挑战，也面临着许多其他的文化、社会和身体方面的挑战，如青少年身体的变化。虽然性成熟在生理上已经逐渐发生，但在情感和社会方面的成熟则需要更长的时间。这些挑战对他们的未来影响重大。

在青少年身份和角色认同的塑造过程中，教育和治疗起着非常关键的作用。家长应当以支持、倾听、理解和关注为模板，帮助孩子树立自信心，认可自己。

在治疗方面，针对性的心理治疗和咨询可以帮助青少年解决角色混乱问题和建立健康的自我认知及个人价值体系。

埃里克森人格发展八阶段理论为心理学和教育学提供了重要的思路，强调不同阶段的个人成长和社会化经历会对之后的人生产生影响。教育工作者应该认识到不同发展阶段的儿童或青少年的特点，通过丰富多样化的探索和稳固的关系，帮助学生在人生发展过程中建立良好的自我认同和人际关系，并形成鲜明的价值观和世界观。

三、戴安娜·鲍姆林德的教养方式理论

戴安娜·鲍姆林德1971年发表了一项研究，研究重点是父母的教养行为对孩子造成的发展结果。她认为，好的教养方式，是能够帮助儿童做好成人后适应社会准备的教养方式，或者说具有社会适应性的教养方式。她认为，可以把父母的教养方式归纳为两个维度：一是父母对待儿童的情感态度，即接受—拒绝维度；二是父母对儿童的要求和控制程度，即控制—容许维度。在情感维度的接收端，家长以积极、肯定、耐心的态度对待儿童，尽可能满足儿童的各项要求；在情感维度的拒绝端，家长常以排斥的态度对待儿童，对他们不闻不问。在要求与控制维度的控制端，家长为儿童制订了较高的标准，并要求他们努力达到这些要求；在要求与控制维度的容许端，家长宽容放任，对儿童缺乏管教。这两个维度的不同组合，可以形成四种教养方式：专断型、放纵型、忽视型和权威型。不同的教养方式，会对儿童的社会性发展和个性产生重大影响。

专断型的教养方式是一种比较严格的教养方式，对孩子的命令和控制多，接纳和反应少。在专断型的教养模式中，父母认为，孩子的行为必须服从家长的意志，他们会采取一些惩罚性的方式来管教孩子，并会对孩子的每一个行为进行完全的监督，及时发现问题。孩子在这个过程中学会了以父母的意志来修正自己的行为。这种教养方式会对孩子造成负面影响。首先，孩子没有足够的自由去发展自己，也没有机会去发现自己的潜能，而父母也没能给予孩子一些挑战，让他们更成熟、更独立。另外，这种方式会限制孩子的想象力，因为家长会严格控制孩

子的每一次行动，过度关注孩子的行为，让孩子变得过分害怕和听话。在这种教养方式下生活，孩子可能会养成讨好型人格，没有足够的发展自由，在想象力、主观能力、自主性、适应能力、抗压能力等方面也会受到限制，从而影响正常发展。

放纵型的教养方式单方面给予孩子接纳与反应极少，甚至没有命令和控制，表现为家长对孩子的犯错行为往往不会及时制止，而是偏袒、包容，对孩子的要求也比较宽松，导致孩子以为什么都不做就可以得到父母的爱，久而久之，孩子也变得越来越懒惰，没有积极的动力去学习和自律。放纵型教养会让孩子过分依赖父母，从而使他们失去责任感，不会认真对待自己的学习、工作。放纵型教养无法培养孩子的自制力，遇到困难或者挑战，他们没有应对的能力。放纵型教养会使孩子的依赖性太强，他们无法学习如何在社会中建立友谊，因此很容易被孤独感困住，社交技巧非常薄弱。放纵型教养过分关注孩子，往往会使孩子缺乏刺激，甚至故意寻求刺激，易受到成瘾行为的影响。孩子在得不到足够的关注时，容易沉迷网络游戏，从而出现上瘾行为。

忽视型教养是对孩子既不接纳也不控制，孩子极少能在父母这里感受到爱。长此以往，会影响孩子的自尊心，使孩子产生负面情绪，觉得自己被忽视，变得不安，害怕表现自己；会影响孩子的情绪稳定，使孩子可能会变得容易激动、心情焦躁，或者变得消极、懒惰；会影响孩子的个性发展，使孩子错失获得专业指导和发展个性的机会，变得动荡而不会顾及他人；会影响孩子的心理健康，使他们无所依靠、感觉孤独，甚至可能出现焦虑或导致抑郁。一个被忽视的孩子，内心会积压着委屈的情绪，永远期待被看见，从而不断努力去讨好，让父母和各种关系中的人能够看到自己的价值、关注自己。

权威型的教养方式，是一种建立在亲近和尊重基础上的教养方法。该方法强调，父母既要关心孩子的需求，也要为孩子设置明确的规则和限制，帮助他们树立健康的自我意识、培养自我控制能力，从而更好地适应社会生活。权威型父母经常通过鼓励、赞扬、支持等方式表达对孩子的爱和关心，让孩子感受到被重视和被支持。权威型父母会给孩子制订家规家纪，并严格监督执行，在孩子遵守规则的同时也很注重鼓励和奖励，从而激励孩子形成自我控制的意识和能力。权威型父母注重引导孩子发展自我认识和决策能力，并通过关注和教育帮助孩子更好地认识自己，建立自信和自尊心。权威型父母不把孩子作为单一的家庭角色对待，而是充分尊重孩子的个体差异。权威型父母通常是自信、有明确和积极的目标设定的人，他们在处理家庭事务时，往往表现出非常成熟和自信的行为，能够营造良好的家庭氛围。他们注重与孩子的沟通和联系，并积极地给予支持和指导，让孩子感受到自身能力和自信心都得到了增强。和其他教养方式相比，权威型父母对孩子的爱和关心是更坚定而深入的。

父母与孩子的亲子关系构建是影响孩子健康成长的重要因素，而父母的教养方式则是影响亲子关系的重要因素之一。教养方式在情感维度端从接受到拒绝，在要求与控制端从控制到容许，不同的组合便形成了不同的教养方式，影响着孩子的成长，塑造着他们的人格。因此，父母可以通过觉察自身教养方式的不足，适当地调整情感端和要求与控制端的平衡，帮助孩子更好地成长。

在平衡情感维度端觉察和调整接受与拒绝时，应注意接受孩子是亲子关系中重要的基础。父母需要主动表达对孩子的爱、关注和支持，理解孩子的情感需求，鼓励他们表达内心的真实感受。在提供支持和关注的同时，父母也需要关注自己情感端对孩子的拒绝，避免表现出过度关注或无法容忍孩子的情绪和行为，而是要表现出理解和宽容，给孩子提供安全的情感环境。良好的沟通是孩子健康成长的必要条件。父母应当营造自由、互动的氛围，帮助孩子树立合理表达意见和情感、接受父母意见、处理矛盾的信心，增强他们的自尊心和自信心，增进亲子关系。

在平衡要求与控制端觉察和调整控制与容许时，要明确这种平衡是影响孩子性格发展的重要因素之一。过度的控制会使孩子感觉被束缚，而过度的容许则会让孩子缺少约束感和自制力。因此，在家庭教育过程中，父母要通过给予适当的责任和支持来让孩子获得成功的体验，从而培养他们良好的自我管理能力。想要让孩子拥有积极的家庭教育体验，父母需要让自己的行为符合孩子的需求，表露出对孩子的尊重。在孩子做出的决策方案被证实有效且无不利影响后，父母应该给予赞赏，肯定孩子在成长中的惊人表现。

总体而言，父母可以通过调整情感维度端和要求与控制端的平衡，关注自己的教育方式和行为，不断适应孩子的成长和变化，建立良好的亲子关系，助力孩子健康成长。

有效的教养方式，能够为孩子创造良好的学习环境，帮助其培养良好的品行、健康的心理及行为等。它既涉及应该为孩子做什么，又涉及不应该为孩子做什么。比如，家长要帮助孩子培养良好的品质，提升孩子的自信心；应该尊重孩子的决定，给孩子一定的自由发展空间，培养孩子的竞争意识；要向孩子传递正确的价值观，提高其个人素质和道德修养。家长不应给孩子施加过大的心理压力，不应把自己的期望、理想强加到孩子身上，也不能依靠暴力来惩戒孩子。积极有效的教养方式更有利于孩子的健康成长，父母需要通过一定的学习和训练才能达成目标。

四、内尔·诺丁斯的关怀理论

作为最重要也是最基础的人际关系，亲子关系塑造人的性格，滋养人的灵魂，奠定了人一生成长的基础。20世纪80年代，美国教育哲学家、斯坦福大学教授内尔·诺丁斯提出关怀理论，通过哲学推理和论证，将关怀理论推导至道德教育及整个教育范畴。关心与被关心是人的基本需要，作为"归属与爱的需要"的重要组成部分，关心对人的影响尤为突出。关心的基础是厘清和倾听需要，搭建好关心的基础，独立个体才能在瞬息万变的当下培养健全人格。

一方面，厘清和倾听需要要求关心者仔细甄别被关心者的真实需要，明示的需要产生于被关心者本身内隐的意识或行为；与之相反，推断的需要产生于关怀者本人的框架。由于需要的产生来源各异，个体的需要存在复杂性与特殊性，一旦判读失误，来自被关心者的需要就有可能被忽视甚至误解。学会关心，即在识别被关心者需要的复杂性与特殊性的基础上，恰当地给予关心。作为关心主体，父母识别孩子所展露的各种需要是给予关心的前提，同时，父母还应学会理解、判断孩子所展示的主体间性与二级主体间性，忽视其中的任何一点，就有可能丢失其原有意味。

另一方面，厘清和倾听需要更加注重接纳被关心者的需要。父母认真倾听孩子的需要是对孩子的尊重。认真倾听是建立关心关系的开始，没有良好的倾听，回应的质量就不高，下一次对话也难以为继。内尔·诺丁斯认为，认真倾听并且积极回应是关心的基本标识。倾听最基础的表现形式为交流与接触，一方认真听取，并给另一方提出中肯的建议。在交流与接触的过程中，倾听成为双方交换观点的桥梁，并不断完善彼此之间的关系，促进情感的共鸣。厘清和倾听需要构建的是一种相互作用的"成熟的关心关系"，即接触的双方既考虑对方的感受与实际需求，不盲目地进行关心，实现关心的双方位置与角色不断互换，又以海纳百川、包容开放的态度对被关心者给予帮助。

在关怀理论的应用中，既要预防出现过度关心与强迫关心的情况，也要解决沟通不足、关心式微的问题。在整个关心型亲子关系中的营造过程中，最重要的是将关心落到实处。它不同于生活中一些简短的关心，要求具备连续性与稳定性。针对亲子关系的问题，应明晰关心型亲子关系的培养方法。即父母和子女作为关心的两端，分别是回应的实践者与需要的发起者。从流程走向来看，关心的双方是交互动态发展的过程，关心关系以倾听需要、回应需要、情绪反馈为载体。首先，"给予关心"与"回应反馈"共同构成亲子关系的桥梁。接着，如果父母能够认真倾听、厘清需要，孩子做到理解关心并积极回应关心，那么关心型亲子关系得以建立；如果父母忽视孩子的正常需要，强制关心，那么孩子就会否认父母的关心，消极回应父母，此时关心型亲子关系必将受阻，走向亲子冲突。无论是付出关心的一方还是接受关心的一方，任何一方出了问题，关心关系就会遭到破坏。培养关心型亲子关系，外部由关怀背景信息、关系输入、关怀过程、关怀评价结果四个维度组成；内部由父母与孩子两端组成，每一端均涉及外部四个培养层面，连接亲子两端的是情感联结。外部培养四个内容包括：（1）由亲子关系现状、内外部环境与所遭遇的挑战等构成的背景信息；（2）关心型亲子关系培养所提供的物质支持、文化服务、情感态度与价值投入；（3）关心型亲子关系建立的过程；（4）对关心型亲子关系中出现的问题进行反思与评价。父母与子女在动态交互过程中，逐步实现情感价值观的传递与关心技巧的完善。父母在尊重、体谅的情感基础上对孩子表达爱，进行关怀教育，以内在的人格魅力引导孩子向善向上、学会关心。受此影响，孩子在潜移默化的关心培养中与自己和解、与他人和解，真正学会关心。

过度关心，是指父母无底线地关注子女的生活日常，过度重视子女的学习生活与情感情况，本质上是信任的缺失。父母不相信或不敢相信孩子有能力自己解决生活中的种种问题，逐渐隐形地瓦解子女对父母的关心与崇拜。所有有认知能力的人，都具备一定的识别、判断某一特定事物的能力。然而，受思维方式与社会阅历的限制，年幼的孩子尚不足以完全考量解决问题方法的优劣，不能在最短的时间内找到解决问题的最优途径。这时就需要父母给孩子们提供机会，允许他们自由选择和试错，再确定问题所在。父母事无巨细地关注子女的生活，释放了一种讯号——我不相信你。这种讯号很容易被孩子觉察，为应付来自父母的过度关心，孩子会采取选择性逃避的方式，屏蔽父母的关心，由此造成关心关系的回路受阻，关心型亲子关系也就无从建立。

强迫关心，即部分父母强迫孩子全盘接受自己的意志和价值观，希望孩子能完全成为自己心中所想的人，不顾孩子身心感受与实际情况，强行关心，扰乱亲子关系。强迫性关系的具体表现是，父母从学习到生活的方方面面都控制着孩子。基于这种控制意识，父母推行强迫关心，孩子不认可被父母关心，造成关心回路阻塞，那么关心的关系也就此消逝。

关心式微，是指父母作为关心的实践者，既要对孩子给予关心，又要以人格魅力引导孩子养成关心他人的品质。父母忽视孩子的需要，会造成关心主体缺席，或者关心内容单一，如仅是生理需要或智力发展。关心不全面，就会造成关心式微。孩子在成长的关键期长期缺乏来自父母的关心，往往会伴随着失望、自卑、患得患失、忧虑、孤僻等心理情绪。如果这种不健康或亚健康的心理状态得不到调适，有可能导致孩子走入歧途。

诺丁斯的关怀理论中，亲子关系要寻找到符合自己家庭情况的适度、恰当的关心。家庭成员间，尊重所有人的观点，对每一个人表达出的需求态度一致，不分优劣。尊重沟通，倾听每一个人的需求，心态开放，给予同理心和尊重，鼓励思考，激励家人坦诚地表达自己的意见，从而更好地探讨解决问题的方案。认可情感，关注参与者的感受，发现痛点，明确责任，以尊重其他人和表达谢意为中心。探索需求，开放思考，允许评论、建议和反思，以更好地揭示每个人的需求并理解他们的想法。关怀理论在实践中建议：

1. 尊重他人：在建立关心型关系时，一定要尊重对方的价值观，认真倾听他们的想法和感受。

2. 表达情感共鸣：通过表达共鸣，可以建立与对方的联系。情感共鸣是一种简单而有效的方式，能表示自己了解对方的感受和需要。

3. 支持自主选择：在处理具体问题时，重要的是帮助他人进行自主选择，而非用自己的方法来解决问题，这有助于建立自尊心和自我决定。

4. 接受部分责任：在决定处理问题的方式时，要承担部分责任。这有助于促进对方对自己的了解和信任，也有助于建立长期的合作伙伴关系。

这些建议可以帮助人们在建立关心型关系时更好地表达自己的观点、感受和需求，促进正向互动，从而促进情感和身心健康发展。

五、萨尔瓦多·米纽秦的结构派家庭治疗理论

萨尔瓦多·米纽秦教授的结构派家庭治疗理论，利用家庭社会网络内部因素，以及消除不良交互模式的家庭治疗模式，治疗师与家庭成员共同协作，通过分析家庭内部的人际关系结构，帮助家庭重构新的沟通模式，从而实现家庭成员关系的改善和健康积极的发展。

米纽秦的结构派家庭治疗，指的是一种系统性的、策略性的家庭治疗方法。首先，强调家庭成员之间存在着系统关系，这些关系都是家庭构造的一部分，是家庭成员间相互作用形成的。其次，强调家庭成员之间存在沟通困难或产生冲突时，要通过治疗师的指导和家庭成员的合作来共同解决。该疗法认为，家庭系统具有生态学特征和动态功能，是由多个相互作用和相互关联的个体和子系统组成的一个复杂的自适应系统。在家庭成员之间产生问题或者冲突时，一些家庭成员的行为会对其他成员造成影响，从而加剧问题。通过对家庭系统的全面观察，家庭成员能够学习到如何适应并自我调节，以获得更好的发展，提高生命质量。

米纽秦结构派家庭治疗的理论模式认为，家庭本质是一个为了满足家庭成员的需求而构成的自然系统，其稳定函数则是保障家庭成员合作战胜各种压力和困

难的联盟。基于此，该疗法采用以家庭为基础的治疗方式，将家庭成员和亲密人士归入同一个系统。对于该系统中的所有成员，均需要保证他们能够充分支持彼此，而养成耐心和理解他人的习惯，以期达到改变家庭系统功能的效果。

米纽秦的结构派家庭治疗法主要适用于儿童、青少年和家庭成员存在紧张或者冲突关系的家庭。随着社会的不断发展、诸多不良家庭现象的出现，以及人们对生活质量要求的提升，该疗法得到更加广泛的应用。米纽秦结构派家庭治疗模型的核心理念：家庭是一个自组织的系统，不存在单独成分，各个家庭成员相互作用，通过这种相互作用可以重建家庭规则、角色和边界。因此，人们必须明白家庭系统内主要成分的相互关系，才能有针对性地调整家庭行动模式。

在米纽秦的结构派家庭治疗模型中，次系统和家庭边界是非常重要的两个概念。次系统是指家庭中两到三个成员的小系统，这些成员互相作用并影响整个家庭系统。在家庭结构治疗中，次系统关注家庭成员之间每一个对建立和维持家庭结构起重要作用的相互关系，不仅含义丰富，而且情况不一。家庭成员之间的某些关系远比其他关系重要，因此，如何处理这些关系就非常关键。家庭边界是家庭成员之间的规则，它定义了家庭成员之间的抱负和期望、行为和态度。如果没有清晰的家庭边界，家庭成员之间的相互作用就会失衡，从而导致家庭系统瘫痪。一般情况下，家庭边界可以分为三种：（1）松散边界，即家庭成员之间的界限过于宽松，导致过度关联，缺乏自主性；（2）刚性边界，即家庭成员之间的界限过于严格，导致家庭成员之间相互隔绝，缺乏互信；（3）灵活边界，即家庭成员之间的界限适度，每个家庭成员能够自由地表达自己的需要和兴趣，而不会失去家庭的凝聚力和协同效应。

米纽秦的结构派家庭治疗理论认为，孩子的成长和家庭边界的稳定性密切相关。孩子的行为模式、心理健康和兴趣导向都会受到家庭边界的影响。如果家庭边界过于松弛，孩子会失去自由度，缺乏自信心；如果家庭边界过于刚性，则孩子会变得缺乏耐心，倾向于追求快乐的感受。因此，在米纽秦的结构派家庭治疗模型中，需要协助家庭成员了解家庭边界的重要性，建立有效的沟通机制，以加强家庭边界的稳定性。

总体而言，米纽秦的结构派家庭治疗通过识别和改变家庭成员之间的交互作用和行为方式，实现家庭成员的自我教育和自我控制，从而改善家庭内成员间的相互作用和关系。次系统和家庭边界在治疗中也起到了至关重要的作用，它们可以帮助医生和家庭成员更准确地评估家庭系统的状况，从而更好地调整治疗方法和策略。最终，通过有效治疗，加强家庭成员之间的情感连接，从而实现家庭的良性发展，促进孩子的健康成长。

六、约翰·鲍尔比的依恋理论

约翰·鲍尔比的依恋理论是关于个体依附行为的基本理论，提出人的依恋是由于成长经历中特定的情感交互所造成的。该理论是依靠大量的实证研究发现的，并逐渐发展为社会心理学中最具有影响力和代表性的理论之一。

依恋关系：约翰·鲍尔比认为，个体的依恋行为是通过构建并维持一种特定的情感联系来实现的，即一个儿童或成年人，通过亲子、伴侣或朋友之间的互动交流获得体验和信任，形成了对这些人的依恋表现。

依恋行为：依恋行为是指个体依恋关系的表达方式，其中包括寻求接近、依靠、守护等。按照鲍尔比的观点，通过依恋行为，个体试图与依恋对象建立和维持一种贴近关系。

依恋形态：约翰·鲍尔比认为，依恋关系存在不同的形态，即安全样式、回避样式、焦虑样式和非安全样式。安全样式具有安全感，能够增强信任，建立内心的平衡。回避样式则显得疏离，同时也可能导致个体退缩。焦虑样式则是过度关注，且容易产生激烈的情绪反应。非安全样式则体现了一种混合的、不一致的依恋关系类型。

随着时间的推移，该理论已经从一个关于婴幼儿依恋行为的研究发展成一个关于社会心理学、人际关系以及心理健康的广泛应用性理论，为受到依恋问题困扰的人群带来更多的帮助。

安全型依恋能够以一种开放和恭敬的态度表达情感，向父母寻求安全感、抚慰、支持和指导，能够建立或者满足自己的需求，注重自身的发展和成长；愿意尊重父母，忍受自己的失败，学会从失败中汲取经验教训，及时把握自己的情绪变化，控制情绪的波动。

要想建立一种安全的依恋关系，双方需要充分交流，理解彼此的想法与感受；互相支持，帮助彼此实现愿望，完成目标；有足够的耐心，为彼此提供深厚的安全感；绝对信任，建立合作和尊重的关系；包容珍爱，把彼此视为珍宝，互相传递爱心。

修复回避型依恋需要一定的时间和努力。首先，把握现在的处境：明确这种依恋是什么风格，可以采取什么修复措施。其次，探索个人的因素：探究为什么偏好回避型依恋风格，在个人认知和情绪的发展史中有什么关键经历。再次，改变行为习惯：通过调整互动的节奏，尝试重新回到正常的心态，不要把情绪交流或试探性的行为看成威胁，甚至也可以试着给予真诚的支持和关怀，而不是总是紧张地逃避。最后，可以尝试寻求帮助，建立支持互动网络，特别是在最初的时候，足够的支持和信心有助于加快恢复的过程。

想要有效地修复矛盾型依恋，以下几点建议可能会有所帮助：

1. 正确引导自己的情绪：学习如何正确地理解和引导自己的情绪，可以增强依恋者的自我意识，从而使其更加自由地支配自己的情绪。

2. 探究矛盾的根源：正确理解矛盾产生的根源，通过一定的模式和途径慢慢排除，有效地减少依恋者的矛盾表现。

3. 探究并提供改善措施：通过探究现有的依恋关系，充分分析和解释这种矛盾表现，并提出改善的措施，有助于从矛盾型依恋向更稳定的依恋关系转变。

4. 双方共同努力：有效修复矛盾型依恋，需要双方共同努力，一起去缓解并消除依恋者可能存在的焦虑、不安全感，从而最终建立强烈而稳固的依恋关系。

七、心理动力学治疗理论

心理动力学疗法是一种基于弗洛伊德心理学理论的治疗方法，是心理学领域最早的治疗方法之一。弗洛伊德认为，人类的行为是由潜意识中的动态力量驱动的，并且无意识的经验和冲突能够影响行为和情感，导致情感和心理问题的出现。心理动力学疗法主要是通过探索和解决患者潜意识中的内部冲突和防御机制，帮助患者理解自己的情感和行为，消除内心的痛苦和困扰，从而获得精神健康。该治疗方法强调个体的内在经验和情感体验，通过与其他人的互动，促进自我认知和发展。

心理动力学治疗领域的研究表明，该治疗方法可以强化患者的情感和自我认识，并改善患者的心理问题；还可以降低患者对药物治疗的依赖，从而缓解患者的压力和不适。心理动力学疗法可以用来治疗各种心理障碍，如抑郁症、焦虑症、创伤后应激障碍及人格障碍等。心理动力学疗法虽然需要花费大量的时间和资源，但它是治疗各种心理障碍的一种成功的治疗方法。心理动力学疗法的主要影响因素有：

1.患者的人格结构：患者人格结构的特点，如心理防御机制、人际关系和情感体验等，都会影响治疗效果。

2. 治疗师的经验和技能：治疗师的经验和技能是影响治疗效果的重要因素，包括理论背景、治疗技能和人格特点等。

3. 治疗师与患者的关系：治疗师与患者之间的关系是影响治疗效果的非常重要的因素。良好的治疗关系能够强化患者的信任感和依赖感，从而有助于加强治疗效果。

4.患者的治疗动机：患者的治疗动机是影响治疗效果的重要因素，缺乏治疗动机的患者可能无法从治疗中受益。

心理动力学治疗理论也可以应用于家庭教育领域中，如帮助理解家庭成员之间的潜在冲突和防御机制，通过与家庭成员的交流，了解其深层的情感体验和内在冲突，从而创设一个更真实的家庭情境。通过家庭治疗，家庭成员可以互相了解彼此的情感需要和内心矛盾，从而建立更深层的关系，肯定彼此的存在和价值；可以更轻松地解决冲突和问题；可以通过治疗师的介入互相传递信息，理解彼此的立场，建立更健康的家庭互动习惯，如有效沟通、尊重彼此的个人空间、给予彼此情感支持等。总之，心理动力学疗法在家庭教育领域中的应用可以有效地帮助家庭成员了解彼此，预防冲突和问题的发生，建立更健康的家庭互动模式。

八、唐纳德·舒伯的生涯发展理论

生涯发展理论是美国心理学家唐纳德·舒伯提出的，旨在描述个体的职业生涯发展过程，并提供一种可供实践和研究参考的理论框架。该理论认为，职业生涯发展是一种动态、变化和非线性的过程，受许多因素的影响，如个体经验、教育、工作环境、家庭，以及个体自身的动力和价值观等。舒伯将个体的职业生涯分为五个发展阶段：成长阶段、探索阶段、建立阶段、维持阶段和衰退阶段。每个阶段都有各自的任务和目标，个体需要面对不同的挑战和机遇，从而不断发展和成长。成长阶段，个体的主要需求是构建自我和掌握基本的生活和工作技能；探索阶段，个体开始探索不同的职业选择和生活方式，建立自主性，明确发展动机；建立阶段和维持阶段，个体已经制订职业规划和目标，并开始实现自身的职业目标，与职业选择不断融合，形成满足个人价值和自我实现的职业生涯；衰退阶段，个体已经在职业生涯中取得成功，并开始思考自己所获得的成就和意义。

应用这一生涯发展理论时，需要注意：

1. 引导孩子探索自我：家长可以提供各种不同的学习和发展机会，帮助孩子了解自己的价值、能力和兴趣，让他们尝试不同的职业和生活方式，培养独立思考和决策的能力。

2. 促进孩子自我实现：家长可以为孩子提供适当的支持，让他们认识自己的价值和能力。同时，家长也要尊重孩子的个性和需求，激发他们的个人潜能和独立性，让他们在成长过程中完成自我实现，获得自我认同。

3. 鼓励比较和探究：家长可以引导孩子比较不同的职业和生活方式，学会批判性思考，从而更好地了解自己的目标和需求。同时，也可以引导孩子探究自己的优点和缺点，建立对自己的正确认知，形成价值观。

4. 抓住重要节点：家长尤其要重点关注孩子在成长期的自我构建和基本生活技能的掌握情况，以及探索期的自主性的建立与发展动机的确定。

成长期是从出生到青少年期的阶段，个体在这个阶段不断构建自我，掌握基本的生活和工作技能，掌握基本的生活技能和建立自我价值观是非常重要的。在这个阶段，个体的认知、情感和社交技能都在不断发展，日渐成熟。在家庭教育中，家长需要给予孩子足够的关爱和支持，尽可能提供安全的环境和良好的生活条件；需要引导孩子参与不同的生活和学习活动，让他们掌握基本的生活技能，如保持个人卫生、健康饮食、坚持运动和有效沟通等；还需要给予孩子鼓励和赞美，帮助他们建立自信和自尊，获得自我认同，促进个体健康地发展。

探索期是从青少年期到早期成年期的阶段，个体开始探索不同的职业选择和生活方式，建立自主性，明确发展动机。在这个阶段，个体需要逐渐建立自我意识，认识自己的价值、能力和兴趣，并且学会如何适应环境和应对挑战。在家庭教育中，家长需要为孩子提供多元化的学习和发展机会，鼓励他们探索自我，尝试不同的职业和生活方式，发展自己的兴趣和特长；还需要关注孩子的需求和情感，帮助他们建立自我价值感和自尊，促进其自我实现和自我认同的发展。在这个阶段，家长更多是要充当支持者和引导者的角色，帮助孩子探索和发展，促进个体独立和成熟。

总之，生涯发展理论的成长期和探索期为家庭教育提供了重要的参考。家长可以根据孩子的不同需求和特点，适时给予关注和支持，帮助孩子掌握基本的生活技能，建立自信和自尊，学会探索和发展；帮助孩子全面认识自我、掌握职业信息、培养职业意识、制订职业目标并规划职业发展，从而取得个人职业生涯的成功。

第三节 中小学家长教育三维课程建设的目标与思路

一、课程性质

本课程是一门以家庭生活组织者为对象，向他们提供组织家庭生活的科学知识和技能，帮助其培养正确的生活态度与价值观、形成准确地理解和有效地履行自己职责的能力，以实现家庭幸福、孩子全面发展的课程。本课程定位为学校家长教育课程，以中小学家长学校为实施主体，以教师为主导，以家长为培养对象，突出学校在家庭教育中的指导职能。通过课程的实施，有效地解决家长教育内容碎片化的问题。对于家长教育，因为没有国家统编课程，各校课程安排较为随意，活动形式较为随机，家长无法获得进阶性培训，总体满意度不高。本课程结合学校指导方式与孩子成长的需求，致力满足家长的前置性知识需求，按年级进行系统学习，提升家庭教育胜任力。同时，克服学校无师资、无课程的困难，提供科学、系统的家长教育课程资源，解决家长教育实践性不强的问题。传统的家长培训主要以讲授为主，但家庭教育是生活的教育，实践性非常强，同时家长作为成年人，已具备一定的教育经验。针对现实情况，本课程创新课程内容与实践方式采用讲授、团辅、会谈等授课形式，同时布置课后实践作业，增强家庭教育指导的实操性。

二、课程基本理念

本课程基于"让教育更美好，让家庭有欢笑，让孩子会自治"的教育理念，围绕"孩子成长、家长提升、家庭发展"三个维度开展课程研发。

（一）聚焦孩子成长需求，提供系统化解决方案

本课程突出以孩子成长为中心来组织课程培训内容，建构家长教育培训框架。通过对家长实施培训，帮助家长构建科学的育儿观、发展观，明晰孩子成长需要的支持体系。

（二）明确家长角色定位，提供立体化提升路径

家长学习最主要的目的是完成家庭教育任务。这里包含几种身份角色，先是孩子的父母，然后是家庭生活的组织者，最后是家校共育的合作者。本课程通过身心了解、教养方式的学习完成家长的角色任务；通过学业支持的学习完成家庭生活组织者与家校共育合作者的角色任务，最终完成立德树人的任务。

（三）促进家庭发展，提供模块化课程资源

本课程为学生家长提供从小学一年级到高中三年级，贯穿整个学习成长过程，涵盖三个维度的综合课程。课程结合国家教育方针、学校办学理念，为满足家长育儿需求，按照"必修＋选修"模块设置分类实施，增强培训的针对性、有效性。家长通过学习，能够制订家庭个性化发展方案。

三、课程目标

（一）中小学家长教育三维课程总目标

通过身心了解课程、教养方式课程、学业支持课程，提升家长的教育水平和家庭发展水平，帮助家长更深入地了解自己的孩子，与孩子建立更紧密的关系，优化教育方法，为孩子提供更全面的支持和帮助，让孩子健康成长。同时，通过这些课程，激发家长自身的学习热情，提高家庭教育素养，促进家庭和谐、幸福地发展，让家庭成为孩子成长的重要场所，帮助孩子发展自治能力，培养全面健康发展的人。

（二）身心发展课程目标

1. 了解孩子身心发展规律：通过课程，让家长了解孩子不同阶段的心理和

生理特征，掌握孩子成长的规律，以便更好地把握孩子的成长机会，提高教育效果。

2.了解孩子的认知和情绪发展特点：通过课程，家长了解孩子的认知和情绪发展特点，掌握引导孩子积极思考、妥善处理情绪的方法，促进孩子的健康成长。

3.了解孩子的个性化特征：通过课程，让家长了解孩子的个性特点，对孩子有更全面的了解和认识，更好地了解孩子的需求和兴趣，以便提供更有针对性的教育。

4.协助孩子完成每个年龄阶段生命发展的任务：通过课程，帮助家长了解孩子在每个年龄阶段的生命发展任务，掌握协助孩子完成任务的方法和技巧，帮助孩子顺利完成各个成长阶段的任务和挑战。

5.培养孩子健康的人格：通过课程，帮助家长强化身心健康的培养意识，引导孩子树立积极向上的价值观、养成良好的生活习惯，促进孩子全面、健康地成长，培养孩子自信、独立的人格。

（三）教养方式课程目标

1.帮助家长认识到在现代社会中，传统的家庭教育方式已经无法适应孩子成长的需求，引导家长更新教育理念和方式，建立开放、平等、互信的亲子关系。

2.帮助家长掌握正确的教育方法，包括如何在孩子成长过程中给予恰当的鼓励和支持，如何在必要时给予适当的纪律约束，建立家长的权威，以及如何培养孩子良好的行为习惯和正确的价值观等。

3.帮助家长建立温暖、亲密的亲子关系，促进家庭成员之间相互沟通和理解，增强家庭凝聚力，帮助孩子发展积极的情感，保持稳定的情绪，提高人际交往能力。

4.帮助家长认识到培养孩子自主能力和成就动机的重要性，从而能够提供适当的成长空间，鼓励孩子自主探索，发展自己的兴趣和才能，培养主动学习的意识和积极进取的精神。

5.帮助家长了解孩子成长的一般规律和发展需要，提供有效的家庭教育指导，在孩子成长的不同阶段，呵护孩子的身心健康，帮助孩子克服成长中的挫折和困难，成为孩子成长过程中的最佳伙伴和引路人。

（四）学业支持课程目标

1. 帮助孩子养成良好的学习习惯，把学习作为一种生活方式，培养孩子良好的自律性，提高其自我管理能力。

2. 加强孩子的基础知识和核心素养的培养，包括批判性思维、创新精神、团队协作、沟通表达等方面的能力。

3. 提高孩子的学习能力，让孩子在学业中取得优异的成绩，增强孩子的自信心和自尊心。

4. 帮助孩子树立正确的职业理念，引导孩子进行职业规划，让孩子了解不同职业领域的发展趋势，选择适合自己的职业道路。

5. 提高家长的教育素养和家庭教育能力，让家长了解孩子的成长规律及学习习惯、学习方法等方面的知识，掌握科学合理的教育方法，为孩子的学业提供支持和帮助。

四、课程内容与结构说明

"中小学家长教育三维课程"内容体系构建的主要依据是《全国家庭教育指导大纲》。课程组还组织了面向深圳市宝安区家长的调研，总结其他区域优秀家长教育课程的设置经验，并结合义务教育阶段学生的发展需求，以身心了解、教养方式、学业支持覆盖关系孩子成长的自身、家长、家庭三个维度，以各项要素的不同层次（不同年级）为参照，按照整体性、有效性、动态性的原则，根据学生的年龄特点，课程设置由低到高，形成系统化、进阶化、规范化、相对稳定的内容体系。

（一）身心了解课程

主要解决家长了解孩子的问题，帮助家长掌握孩子的生理、心理发展情况，共12个必修主题、3个选修主题。

家长获得有关孩子生理、心理发展及疾病预防和干预的知识，在育儿过程中具备科学的观念和方法，能够更好地关爱孩子，为孩子创造更加健康、快乐的成长环境。

在认知方面，应用皮亚杰的认知发展理论。孩子的知识、思维和语言能力，随着年龄的增长和阶段的改变而不断发展。家长应该了解孩子在不同年龄段的认知能力和特点，为孩子提供适当的认知刺激和引导，以促进其认知的全面发展。

在个性化发展方面，应用埃里克森的个性发展理论。孩子在不同年龄段的个性化发展存在一定的危机，家长需要通过合适的引导和支持去化解孩子面临的危机。家长需要学会从孩子自身的特点和个性出发，去了解和助力孩子的成长。具体包括了解孩子生长发育的规律和科学成长的密码，了解孩子各个心理发展阶段的成长需要。家长要更好地关注孩子的成长需求，掌握常见的儿童心理问题及其治疗方法，学会预防孩子生病和发现病情变化的方法，以此提高孩子的身体素质，促进其身心健康发展。

1. 小学阶段的必修主题

（1）了解你的7岁孩子

（2）了解你的8岁孩子

（3）了解你的9岁孩子

（4）了解你的10岁孩子

（5）了解你的11岁孩子

（6）了解你的12岁孩子

2. 中学阶段的必修主题

（1）了解你的13岁孩子

（2）了解你的14岁孩子

（3）了解你的15岁孩子

（4）了解你的16岁孩子

（5）了解你的17岁孩子

（6）了解你的18岁孩子

3. 中小学选修主题

（1）了解你的6岁孩子

（2）正确看待初中生异性交往

（3）如何教会孩子自我保护

以"了解你的8岁孩子"为例，本课要帮助家长了解8岁孩子的生理发展特征、心理发展特征、运动能力和人际交往模式等，识别哪些行为是正常的发展情况，哪些行为需要进行一定的辅导和干预。

8岁的孩子平均身高为1.3~1.4米，平均体重为25~35千克。大多数孩子已经具备正常的身体比例，手指和脚趾之间的间隙比较紧密，身形体态也更加优雅、稳健。随着年龄的增长，骨骼和肌肉力量逐渐增强，手、脚更加灵活，对重力、平衡力的掌握也更加熟练。同时，感官系统已经相对成熟，能够控制和协调自己的感觉，对声音、光线、温度等也有更加细腻的感知和理解。他们已经进入认知发展的新阶段，语言、思考和解决问题的能力逐渐提高。孩子在8岁左右开始换牙，乳牙逐渐松动，新牙开始长出来。这一阶段，家长也需要多加注意孩子的口腔卫生。

运动能力方面，8岁孩子的跑步速度会明显优于儿童时期，可以跑较长的距离，跑得稳健；可以爬很高的山丘或楼梯，爬坡能力很强；可以跳得更高更远；可以做出精确的动作和复杂的动作序列，协调和平衡能力明显提高；可以完成具有一定难度的任务，如写字、剪纸等，手部和腕部变得灵巧。

虽然8岁孩子的运动能力已经有所提高，但也需要父母的指导和鼓励。家长可以带孩子参加一些体育活动，如去公园玩耍、骑自行车等，促进孩子的健康发展。

心理方面，思维上更具体化，可以从比较抽象的思维转向更为具体的思考，如开始注意到事物的细节和属性，自我意识增强，能意识到自己是一个独立的个体，开始对自己有一定的认知和评价，开始注意自己的形象和说话方式，等等。由于情绪体验更加多变，思维更为具体化，自我意识逐渐增强，孩子的情绪也更加丰富多变。他们学会在不同情境下如何处理自己的情感，并注意表达自己的感受。他们在学习和探索时，呈现出求知欲强的特点，对自然和社会环境的理解更深，对待问题的态度更加开放。8岁的孩子正在经历身心双重变化，家长需要理解孩子身心上的变化和需求，帮助其更好地应对，并且及时传授各种生活知识和技能，家庭和社会的支持和关爱对孩子的发展有非常重要的作用。

社交能力方面，孩子正处于发展社交技能的阶段，尤其要增强交朋友的能力。在这个阶段，孩子们开始意识到自己的身份和他人的身份，并学习如何与他人建立更深层次的互动。大多数孩子都喜欢和同龄人交往，他们会在学校、社区、体育俱乐部等地方结交新的朋友。当孩子遇到一个新朋友时，他们可能会展示出一些羞涩和紧张的行为，但通常会很快便变得友好和开放。孩子们往往更喜欢和同性朋友交往，但也有些孩子会和异性朋友建立深厚的友谊。他们会以玩游戏、搭积木、看电影等活动为媒介来建立人际关系。这些活动可以促进孩子之间的互动和合作。8岁的孩子还很容易受到他人的影响，因此，家长应该引导孩子选择好朋友，鼓励他们建立积极、健康的友谊。同时，家长也应该教育孩子关心他人，尊重他人，接受他人的差异和缺陷，并帮助孩子解决冲突，与他人和睦相处。

（二）教养方式课程

主要解决家长教养力提升的问题，帮助家长更新理念、改进方式，逐步掌握科学的教养方式，共分12个必修主题、3个选修主题。

教养方式是指家长在育儿过程中，对孩子的养育方式、教育方法和价值观念的理解和应用。家长的教养方式对孩子的身心发展、个性形成和未来发展都有着重要影响。

课程内容包括，帮助家长拥有审视和梳理的视角，认识到孩子的成长需要家长的关爱和引导，但是过度地控制和干预也会对孩子的成长产生负面影响。在亲子关系中，避免控制过度，避免让孩子感到束缚和压抑，从而失去自由和个性的发展空间。理解控制方式可能会让孩子产生反感和逆反心理，无法建立与父母的信任关系，从而影响孩子的成长。避免疏远和冷漠，缺少父母的关爱和陪伴，孩子的内心世界很可能充满孤独和不安全感。这样的孩子往往容易产生焦虑和变得不自信，从而影响身心的健康发展。

　　倡导教养孩子时，关注孩子的个性特点和兴趣爱好，尊重孩子的选择和决定，让孩子感受到家长的信任和尊重，激发孩子的自信和自尊，让孩子在与父母的互动中获得成长和进步。关注孩子的情感需求，给予孩子充分的关爱和陪伴。这样的教育方式，能够激发孩子的内在动力，促进孩子的发展和成长。家长更以平等的姿态与孩子沟通，通过倾听为孩子提供充分的表达空间，让孩子感受到父母的理解和支持。

　　教养方式是父母与孩子之间互动的结果。家长需要学会平衡温暖接纳和控制要求之间的关系，在孩子成长的过程中，鼓励孩子积极面对挑战和困难，让孩子在探索和实践中获得成长和进步。家长只有不断提升自己的教育能力和教养技能，才能给孩子提供更好的成长环境。

　　家长优化教养方式，还可以促进孩子的个性发展。孩子的个性对于其未来的发展影响极大。家长应该通过科学的教育方式，鼓励孩子发挥其独特的优势，支持他们充分发展潜力，成为自信、独立、自主的个体。同时，也要让孩子感受到家长对他们的关注、爱护和支持，建立良好的亲子关系，使得孩子更容易感受到自己的价值和重要性。

　　1. 小学阶段的必修主题

　　（1）认识教养方式的类型

　　（2）家庭教育的理性选择

　　（3）建立温暖的亲子关系

　　（4）帮助孩子建立规则感

　　（5）如何召开家庭会议

　　（6）如何建立平等的关系

　　2. 中学阶段的必修主题

　　（1）如何让孩子获得尊重感

　　（2）如何对孩子授权

　　（3）如何支持孩子个性成长

　　（4）如何调整家庭关系支持孩子发展

　　（5）如何帮助孩子获得有效的社会连接

（6）如何支持孩子走向成年的担当

3. 中小学选修主题

（1）如何培养孩子的自信心

（2）如何将孩子的错误变成教育的契机

（3）如何高质量地陪伴孩子

以"如何让孩子获得尊重感"为例，本课结合七年级学生的心理需求和小初衔接的挑战，需要家长从心理、态度、语言、行为上做出调整，从而构建适应新的发展阶段的亲子关系，让孩子在与父母的互动中，获得成就感与尊重感。

12岁以前，家长跟孩子的关系是紧密相连的。孩子自我意识不强，对自己的评价完全来源于外界的评价，因此父母和老师对他们的影响是非常大的。也就是说，你给了他一个什么样的世界，他就接纳了什么样的世界。

12岁以后，家长与孩子的关系就逐渐出现分离。孩子变得不爱跟家长讲话，所有事情都自己藏起来了。家长会觉得孩子突然话很少，会很不习惯。这是孩子的独立性得到发展的表现，他从依赖你慢慢走向独立。现在成人感也出现了，尽管他什么都不懂，但他认为自己已经是大人了，可以跟大人平起平坐了。孩子的逻辑是，现在我们之间的关系是平等的，你是成年人，我也是成年人。这时候，孩子更关注大人对自己的身份认定，他需要受到尊重。对于大人所讲的话，孩子关注的不是你讲得对不对的问题，而是你讲话的态度问题。所以，家长不能用以前命令的方式跟孩子说话，否则一说他就直接顶回来。顶嘴的背后表现的是孩子独立性的发展，他要离开你了，心理上要开始独立了。

"我越来越懒得和我爸妈说话了，他们实在太唠叨了，其实我也很努力地让自己去理解他们，希望能站在他们的角度和立场来考虑问题，可总是不欢而散；其实看他们生气难过，我也很后悔自己的行为，可好像又不能控制自己似的，下一次又会顶撞他们，然后又后悔。如此反复，弄得我心里乱极了。"出现这样的情况，就是给父母传递了一个强烈的信号：一定要升级自己的教养方式，调整跟孩子的互动方式，以平等、尊重的方式来开启新一阶段的旅程。面对孩子成长的新的挑战和任务，家长需要从心理、态度、语言、行为上做出改变，转变为顾问型父母。心态上把孩子当成大人对待，态度上需要平和尊重，语言上用商量的口吻，行为上加以尊重，保持适当的距离但不能完全抛开不管。当孩子因为不成熟、没经验做出错误判断时，家长要为他提供建议和参考，但要考虑到孩子的成人感，尽量用一种尊重的、平和的态度提出自己的意见，同时也把做决定的权利交给他。

（三）学业支持课程

主要解决家庭如何形成支持体系的问题，汇集家庭资源，支持孩子学业发展，聚焦适应未来的核心素养的培养，共分12个必修主题、3个选修主题。

学业发展是家长最关切的问题，也是中小学生发展的主要任务之一。家庭为孩子学业发展提供文化资本、物质资本、人际资本，在孩子有意愿主动发展的前提下，提供规划支持、发展支持，形成家庭个性化支持方案。

课程内容包括帮助孩子树立正确的价值观念。孩子的行为和态度往往受到家庭背景的影响，家庭的价值观念也会对孩子产生深远的影响。家长可以通过言传身教、亲身示范来引导孩子，让他们对学习树立正确的认识，能体验到学习的乐趣和成就感。家长可以通过亲身经历或者分享他人的故事，教授学习方法，让孩子感受到学习成功的喜悦和荣誉感。通过参与一些知识性和技能性的活动，孩子体验到自己的成长和进步，从而激发学习的兴趣。家长通过鼓励和支持来激发孩子的学习动力，可以鼓励孩子在学业上取得好成绩，同时也要对他们在学习过程中的努力进行肯定。当孩子遇到挫折和困难时，家长要给予帮助和支持，让孩子感受到在他人的帮助下逐渐学会解决问题和克服困难的成就感和自信心。家长还可以建立学习交流的机制，与孩子进行学习内容、发展规划的交流和讨论，为孩子提供交流和探索的机会，利用家庭资源有效地支持孩子的发展。

1. 小学阶段必修主题

（1）如何帮助孩子做好学习准备

（2）如何培养孩子的学习习惯

（3）如何培养孩子的学习兴趣

（4）如何激发孩子的成长动力

（5）如何帮助孩子树立理想

（6）如何帮助孩子提升学习方法

2. 中学阶段必修主题

（1）如何制订孩子的升学规划

（2）如何帮助孩子应对学习挑战

（3）如何设计个性化的家庭支持方案

（4）如何指导孩子做好选科

（5）如何指导孩子为多元升学做准备

（6）如何协助孩子选择志愿

3. 中小学选修主题

（1）如何帮助孩子缓解考试焦虑

（2）如何帮助孩子树立理想

（3）如何帮助孩子应对学习挑战

以"如何指导孩子为多元升学做准备"为例，本课直接回应家长和高中学生热切关注的话题。从高中入学开始，就了解大学的升学渠道和方式，并以终为始，倒推高中三年应如何做好升学准备。

孩子如何升入更适合的大学，由此用三年时间做好升学准备？了解大学的升学方式，是有效选择志愿的基础。国家现在鼓励多元升学，指的是通过不同的途径和方式提高学生的升学竞争力。

参加普通高考是高中毕业生普遍选择的升学方式之一。考生需要完成高中学业并通过学业水平考试——高考，最终以一定的分数通过高校招生录取进入大学。在高考志愿普通批录取前，有提前批，包括军校、警校、艺术类、体育类、农村学生专项计划、特殊类型招生等。

下面重点介绍目前考生选择比较多的两种升学方式：综合评价招生与强基计划招生。

综合评价招生是指高校招生时，除了标准化考试成绩外，还考虑考生的综合素质和综合能力，如学科竞赛获奖、科研成果、社会实践经历、艺术特长、体育特长、志愿服务等因素，对考生进行综合评价后确定录取名单。考生要充分展示自己的综合素质和综合能力，包括学科竞赛获奖、科研成果、社会实践经历、艺术特长、体育特长、志愿服务等方面。因此，考生要提高综合素质和综合能力，不断积累经验。根据高校要求撰写自荐信等，突出自己的特点和优势。有目的地参与社会实践和社会活动，开展志愿服务和其他课外活动。适当准备标准化考试，提高成绩以提升录取概率。总之，综合评价招生注重综合素质和综合能力，要求考生具有广泛的知识面和实践经验。考生要加强自身素质培养，全面展示自己的优势。

强基计划招生旨在培养高水平的科技创新人才和复合型创新人才。强基计划招生通过高考成绩和其他相关材料的综合评价，录取高中生直接进入学校实施强基计划培养。也有部分学校面向大学生招生，在各个年级进行面试和笔试，择优录取具有优秀科研潜力的学生。通常是本硕博连读，聚焦于培养基础学科人才，需要学生具备强烈的学科兴趣和研究精神。在大学里，对于强基计划招生，学校会独立设班，师资优越，同时学生还有机会到国内外知名高校、科研机构进行交流和深造。这对于想要从事科研和创新的学生来说，是一种非常宝贵的学习机会。学生如果有一定的竞赛经历，在参加校测时会比较有优势。

总的来说，高中多元升学是以学生个人的能力、兴趣和需求为出发点，以家庭资源与家庭支持为辅助的升学通道，需要家长和学生提前了解和准备，以期在升学和就业等方面取得更多的机会和成就。

五、教学建议

本课程的教学应根据教学对象（中小学家长）的知识与文化背景，以及现有的家庭教育观念和水平，在使家长初步了解与掌握一些家庭教育知识的同时，培养家长在家庭教育中保持科学、理性的态度与寻求专业帮助和指导的意识。

（一）讲师用心对待

教学对象的特殊性，决定了授课教师必须具备一定的专业性，才能与家长建立信任的关系，取得预期的教学效果。首先，建议授课教师先学后教，教师本人必须具备较高的家庭教育指导能力，及时更新自身的家庭教育理念。其次，教师在授课前，可以通过调查了解、查阅资料文献等方式，对课程内容、学生特点、学生家长相关背景有深入了解。

授课教师用心做好充分的准备，有利于提高课程实施的效果。

（二）关注家长需求

家长迫切需要解决的问题，正好反映了家长在家庭教育方面的学习需求。越是紧迫的需求，越能激发家长学习与改变的动力，因此，各家长学校在采用本课程安排课时的时候，应充分关注家长遇到的困惑、想要解决的问题，进而在本课程体系内三大维度之间选择与授课对象需求相符合的主题。学校鼓励执教教师通过自身教育实践，进一步完善本课程体系。

（三）结合本校特色

各家长学校培养理念的不同、文化氛围的不同，也使得课程使用"校本化"的必要性更为突出。本课程的教材和课件是教师授课的参考范本，教师可根据本校文化构建的需要、学生培养的需要，对本课程进行修改和完善，创造性地使用本课程。

（四）组织形式丰富

由于家长参加课程的时间一般是工作之余的时间，容易出现疲惫、走神的现象，故而授课讲师应丰富课堂组织形式。通过游戏、体验式活动、角色扮演、看视频、互动提问等形式，激发家长的参与热情，提高其专注度，可以收到较好的学习效果。

（五）重视家长反馈

每门课程结束后，授课教师或学校相关部门要积极主动地了解家长的学习情况，收集他们对课程的满意程度和改进建议。通过沟通，在获取课程反馈的同时，进一步与家长建立良好的合作关系。

六、评价建议

课程教学设计有三个维度的评价：一是对授课教师的教学准备情况的评价，二是对课堂教学效果的评价，三是家长对课程教学的评价。

（一）关于**教学准备评价**

授课教师根据教材的编排内容，在充分分析学习对象情况的前提下，认真构思教学过程，精心设计教学环节，做好教学课件等前期工作。如果有现场互动、问卷及表演等环节，授课教师更要提前做好相关资料及场景模拟的准备，做好课堂教学预设和预案。此评价的节点应该是在教师授课前时段。

（二）关于**教学效果评价**

课堂教学是本教材实施的核心环节，也是本教材最直接的目标指向。授课教师对教材内容进行个性化设计后，在家长面前做到有效再现，是教材得以信息传递和科学指导的关键。本部分评价主要包括教师语言表达的合理性、教学环节设计合理性、课堂学习氛围的营造、教材内容的把握等方面，课程实施主体应对教师的课堂情况进行综合评价。

（三）关于**家长对课程教学的评价**

教材实施对象对课堂教学及教材内容本身的反馈，是本教材得以进一步改进和完善的重要参考，同时也是本教材的教学目标之一。通过对课程的评价反馈，增强家长对教材的关注度，同时达到双向互动的目的。听课家长的评价反馈大致应该从以下几个方面设计：

（1）对授课教师本身的素养或者印象的评价，如教师的形象和气质、教师的亲和力等。

（2）对授课内容的实用性和可操作性的评价。一般在学完课程之后，认为通过学习指导方法，在实际教育过程中有一定的实用性，可以在自己的孩子身上起到一定的教育效果，这也是教材实施的最终目标。

（3）家长对教学情况的总体性评价及满意度反馈。每节课每一个课例均应在授课结束后，让家长进行满意度反馈和评价，做到评价的即时性和整体性。

七、课程资源开发建议

本课程的内容涉及家庭教育指导的多个领域，教师在授课活动中不但需要了解相关年级学生的身心发展特点，把握听课家长的受教育程度、工作背景及听课心态等，而且需要具备较为科学、先进的家庭教育理念，以及较强的家庭教育指导能力。这就要求授课教师不但自身要有较宽的知识面和较强的沟通能力，同时还要善于发掘生活中的资源。

家长教育课程的相关资源是非常丰富的，校内师生、社区、互联网等渠道都有大量可开发利用的资源。学校可以与社区工作站、妇联、关工委、家庭教育指导中心、心理健康教育指导中心等相关部门建立密切的联系，聘请家庭教育指导、心理健康教育指导等方面的专家来校开设讲座或辅导活动。在集中授课的基础上，开展一些有针对性的家长沙龙、亲子拓展活动及个别辅导。

第三章 中小学家长教育三维课程课例举隅

◎ "身心了解" 课程课例举隅

◎ "教养方式" 课程课例举隅

◎ "学业支持" 课程课例举隅

第一节 "身心了解"课程课例举隅

主题一

了解你的7岁孩子（必修）

【课例简介】

本次学习的主题是认识7岁孩子，目的是帮助家长更好地了解7岁孩子在身体和心理上的发展情况，以及在日常照顾和支持孩子发展方面的策略。

【教学目标】

1. 了解7岁孩子的身体特征和心理发展情况，掌握孩子在此阶段所面临的发展需求。

2. 了解7岁孩子对友谊的需要状态，并掌握支持他们发展友谊的方法和策略。

3. 了解父母的日常照顾和互动方式对7岁孩子发展的重要性，并掌握相应的方法和技巧。

【授课对象】

一年级学生家长。

【教学过程】

一、案例引入

张同学是一个7岁的小女孩，最近她的一些行为让家长感到有些困惑。比如她经常情绪化，一会儿很高兴，一会儿变得很沮丧。此外，她在学校的体育课上表现很差，好像没有运动细胞一样。家长想要了解更多关于7岁儿童的发展情况，帮助孩子更好地成长和发展。

二、7岁孩子的身体和心理发展情况

1. 身体发展情况。7岁孩子正处于身体快速发育的阶段，身高和体重都有较为明显的增长，他们越来越善于协调运动，能够掌握较为复杂的运动技能。男孩和女孩的身体发育差异明显，男孩通常比女孩更高大。一般来说，7岁男孩的身高在120厘米左右，而女孩则稍矮一些，约为116厘米。7岁孩子的手部力量已经有了一定的发展，可以完成一些较为复杂的手工活动，如手工制作、画画、乐器演奏等；脚部力量也在逐渐增加，可以进行较为灵活的运动，如跳绳、跳跃等，锻炼孩子的脚部能力。

孩子应该进行多样化的体育活动，通过尝试不同的体育运动项目，来发掘他们的运动天赋。有些孩子可能已经显示出自己的体育潜能，家长需要了解孩子较喜欢的运动项目，鼓励孩子参加体育俱乐部或者组织户外体育活动，如爬山、游泳、长跑等，这样有助于发掘和提升孩子的体育天赋。

2. 心理发展情况。孩子的认知能力迅速提高。他们能够理解抽象概念，思考更复杂的问题，并开始形成独立的思想。此外，他们对自己的情绪也开始有更加清晰的认识，能够在一定程度上控制自己的情绪并适应不同的情境。他们开始体验到更复杂的情绪，如沮丧、惊喜、挫败和愤怒等，家长需要帮助他们学会处理这些情绪。孩子开始对友谊的概念形成更深入的认识，认识到朋友之间互相支持、帮助和分享能够成为维系友谊的重要方式。家长需要鼓励孩子学习更多社交技能，如积极与他人沟通、听从他人的意见、学会与他人分享等。

三、良好生活习惯培养

1. 照顾孩子方面。家长需要尽可能多地和孩子进行感性接触，如陪伴孩子阅读故事、参与孩子的游戏等。在与孩子的交流中，家长应该学会用开放性问题与孩子进行对话，并认真倾听孩子的回答。此外，还可以通过与孩子共同参观博物馆、知名景点等方式，给孩子创造更多的展示机会。

2. 营养方面。确保孩子的饮食营养均衡，多为孩子提供蔬菜、水果和谷物类等食品。需要按照孩子的身高和体重配餐，身材矮小的孩子可以适当减少摄入高糖和高脂肪的食物。孩子的饮食应该有规律，按照早餐、午餐和晚餐的顺序摄入食物，形成良好的饮食习惯。孩子每天需要喝足够的水，以补充水分。孩子每天应该多食用含有丰富营养物质的食物，如水果、蔬菜、全麦面包等。晚餐应该在睡前几个小时吃完，避免在睡觉前大量饮食和饮水。

3. 睡眠方面。7岁孩子每天需要10~12小时的睡眠时间，不同孩子的睡眠需求量也会略有不同，家长需要关注孩子的表现和睡眠时间，根据睡眠需求量进行调整。家长需要营造一个安静、柔和、舒适和安全的睡眠环境。例如，避免噪声，调节灯光和温度，使室内环境更适宜睡眠。另外，床上用品应该干净舒适、透气，增加孩子的舒适度，保证良好的睡眠质量。在睡前，放松的身体和情绪能够让孩子更容易进入睡眠状态。例如，可以听一些安静的音乐，读一些故事，或者做一些轻松的活动；应避免让孩子太过兴奋，影响睡眠。家长应该建立良好的睡眠习惯，坚持规律的作息时间。孩子需要固定的睡觉时间和起床时间，这样可以提高他们的睡眠质量和精神状态。在制订睡眠计划时，家长可以鼓励孩子逐渐适应规律的睡眠时间，并让孩子保持良好的睡眠习惯。

四、总结

7岁的孩子需要规律的睡眠时间和良好的睡眠习惯，家长应该关注他们的睡眠需求和睡眠环境，帮助他们放松身心以便更好地入睡。这样不仅有利于孩子的身体健康，同时还有助于提高他们的注意力、学习效率和思维能力。培养良好的睡眠习惯至关重要。

通过这样的学习，可以帮助家长更好地了解7岁孩子的身体和心理发展情况。家长在与孩子的日常互动中，可以通过多样的方式和策略支持孩子健康成长。

主题二

了解你的8岁孩子（必修）

【课例简介】

　　本课旨在帮助家长更好地了解自己的孩子，学会适当地引导和教育他们。通过本次培训，家长将能够深入了解8岁孩子的身体和心理发展特征，明确在日常生活中应该如何照顾和互动，从而更好地促进孩子的成长和发展。

【教学目标】

　　1.了解8岁孩子身体和心理方面的发展变化。

　　2.知道8岁孩子在二年级的运动要求，以及如何促进他们在体育方面的发展。

　　3.掌握照顾8岁孩子的技巧和方法，包括健康饮食、睡眠和日常锻炼等方面。

　　4.建立良好的亲子互动关系，提高家长与孩子之间的沟通和交流质量。

【授课对象】

　　二年级学生家长。

【教学过程】

一、案例导入

　　这是一个来自上海的三口之家，女儿8岁，正在上小学二年级。在对孩子成长的关注、观察中，家长非常希望知道如何在日常生活中了解孩子，给孩子更好的启示，做到更好地引导和培养。

二、8岁孩子身体与心理发展情况

8岁孩子在身体和心理方面都会发生很大变化。首先，身体上，孩子所感受到的几乎是无止境的生长和变化。他们长高了、增重了，他们的牙齿开始脱落，气质和面部轮廓也趋于成熟。而在心理方面，他们会出现许多新的情感和心理问题，如对自我的认识和理解、对社交关系的理解和对外部世界的认识等。随着年龄的增长，8岁孩子的认知特点、注意力情况、情感情绪、时间与空间概念等方面都发生了很大变化。孩子进入一个重要的学习和成长阶段，需要家长和教师的关注和引导，以帮助他们更好地发展。

1. 认知特点。比之前更加成熟，开始有了一些思考能力。孩子能够通过对周围的物体、人和事件的观察进行较为复杂的逻辑思考和判断分析，也能够自我评估和反思，从而更好地提高自己的学习效率和学习质量。他们能够理解并运用一些比较抽象的概念，如公正、友谊、时间等。

2. 注意力情况。开始变得更加稳定和持久。孩子可以在一定时间内集中精力做一件事情，如长时间地听一篇文章或看一个视频等。为了缓解眼睛疲劳，孩子在接受新信息后，需要有片刻的休息。因此，家长和教师在给孩子安排学习任务的时候，还须注意控制时间，让学习与休息相互交替，有序进行。

3. 情绪情感。开始变得更加复杂和细腻，也更容易受周围环境的影响。孩子开始有感性的认识，比如，有自己喜欢的东西，有表达感谢和道歉的特定方式，也会出现更多的情感反应。同时，孩子的自尊、自信和责任感等也日益增强。家长和教师要多关注孩子的情感状况，尤其是在孩子面对挫折和困难时，帮助孩子增强信心，培养乐观、积极、阳光的生活态度。

4. 时间与空间概念。开始逐渐发展对时间和空间概念的理解。孩子能够较为清晰地认识时间的基本单位(年、月、日、时、分、秒)，能够理解"前""后""过去""未来"这些时间概念。孩子在空间概念上的认知也开始发展，能够认识方向和位置，并开始理解地球、星球、宇宙等的基本特征。

5. 动作协调能力与运动要求。动作协调能力增强，身体动作相当流畅，显得越发平衡与优雅。孩子会喜欢奔跑、跳跃、追逐、摔打等，还喜欢以戏剧性夸张的动作和仪态来"显摆"自己。这个年龄的孩子开始对缝纫、编织、剪纸及精雕细琢的木工活感兴趣。然而，他们常常会高估自己的动手能力，想要做的东西往往做不出来，这每每会让他们感到很挫败。在二年级，孩子需要掌握一定的运动技能，如跑步、跳绳、游泳、球类活动等，以此促进身体的健康成长。家长可以通过运动课程或家庭运动训练，鼓励和支持孩子的运动发展。

8岁孩子的认知特点、注意力情况、情感情绪、时间与空间概念等方面都呈现明显的变化，家长和教师应该认真了解孩子，帮助他们在不同方面的成长中获得更好的支持和指导。如此，让孩子在一个充满爱与关心的环境中成长，享受学习时光，激发学习潜能，培养创造力，有助于孩子更好地长大成人。

三、良好习惯的培养

家长在日常的照顾和亲子互动中养成了孩子的生活习惯，需要注意以下事项：

1. 了解孩子。了解孩子的兴趣爱好和特长，与他们交流，注意聆听，尊重孩子。建立亲子互动，通过亲子活动、游戏和谈话来加强家庭关系，并鼓励孩子表达自己的需求和感受。

2. 记录日常生活。通过拍照、拍视频等方式记录下孩子的生活，留下美好回忆和成长足迹，有意识地渗透家庭文化教育。

3. 培养独立性。给孩子留出一定的自主空间，让他们尝试不同的事情，激发创造力和想象力。鼓励孩子多参与户外活动，注意规律的作息及均衡的饮食，保持身体健康。

4. 建立公开的、有秩序的家庭文化。与孩子一起制订家规、家训，让孩子明白什么是对与错，培育正确的价值观。

5. 培养社交能力，提高沟通技能。通过家庭、社区和学校活动来促进孩子与他人的交流，培养孩子的社交能力，增强沟通技巧。

6. 关注牙齿卫生与保健。乳牙脱落是一种自然的生理现象，通常会在孩子8岁左右开始出现。在孩子的生长发育过程中，换牙期也是口腔健康管理的重要时期，牙齿保健对孩子日后的牙齿健康至关重要。

四、特别关注——护齿行动

8岁的孩子开始换牙，符合乳牙脱落年龄的孩子一般会先脱落上门牙，再脱落下门牙和大牙。通常在牙齿松动到最后时，孩子会觉得不适，而这时候就容易掉牙了。因此，家长需要关注孩子的口腔卫生，及时观察孩子的牙齿情况，向孩子介绍这一自然现象，帮助孩子正确地面对与处理。

1. 保持口腔卫生。在孩子牙齿脱落的过程中，家长需要帮助孩子保持口腔的卫生。牙齿松动后，孩子的脱牙部位容易"藏污纳垢"，如果不及时清理，口腔细菌滋生，就容易导致口腔感染。因此，家长应该经常提醒孩子刷牙和漱口，特别是在换牙期间要保持口腔清洁，每天至少刷牙两次。

2. 注意饮食营养。孩子在换牙期间，应该注意饮食中的营养摄取，保证蛋白质、钙质、维生素等补给充足。多吃坚果类食品、鱼肉、豆制品、奶制品等富含营养的食物，对于孩子的身体成长和口腔健康至关重要。此外，避免食用过硬、不易消化的食物，如硬糖果、油炸食品、腌制品等，同时要避免喝刺激性饮料和含咖啡因的饮品，以减少对牙齿的损害。

3. 运用牙齿保护器。除了日常的口腔保健之外，家长还可以给孩子使用牙齿保护器。牙齿保护器是用来保护口腔不会因受外力撞击而造成牙齿损伤，有助于牙齿的正常发育，维护口腔卫生，还能够防止因磨牙造成的牙齿磨损等问题。

五、总结

总之，8岁孩子相对而言比较好动，似乎有用不完的精力。他们愿意接受挑战，愿意尝试新鲜事物，性格也变得开朗自信了。

通过学习，家长掌握了8岁孩子的身体和心理发展特征、发展运动技能的要求及日常照顾和互动的技巧和方法。同时，学校要采取有效的教育策略，引导家长构建积极的家庭文化，提高家庭亲子互动关系的质量，创造良好的成长环境，鼓励和支持孩子更好地成长和发展。

主题三

了解你的9岁孩子（必修）

【课例简介】

9岁的孩子开始进入自我意识觉醒期，家长面对的是一个逐渐有着独立意识和独立思考能力的小大人。孩子对事物的分辨和分析能力明显提高，家长需要调整教育方式，以适应孩子的成长需要。此课例重在引导家长结合孩子的个性特征因势利导，运用恰当的教育策略培养孩子的独立意识。

【教学目标】

1. 充分认识本阶段孩子的身心发展和情感特征。

2. 学会了解孩子的想法。

3. 学会培养孩子独立人格的路径和方法。

【授课对象】

三年级学生家长。

【教学过程】

一、案例导入

丽丽妈妈向班主任打电话求助，说丽丽对她的态度让她很受伤。妈妈感觉丽丽开始嫌弃自己了，有时想和丽丽聊聊，她却显得很不耐烦，敷衍几声就跑出去玩了。要知道，丽丽一直是妈妈的"乖宝宝"，以前经常和妈妈在一起看电视、看电影，最近她却总是说要跟她的好朋友菲菲一起玩。就算在家看电视，丽丽也更喜欢菲菲陪她一起看，即使妈妈也在家，却当妈妈不存在一般。妈妈向教师诉苦："我的9岁孩子，为什么更看重朋友，而不是妈妈呢？难道这么快我就变得不重要了吗？"

二、9岁孩子的身心发展特点

9岁孩子最典型的特征是独立意识增强，对他人的依赖减少，对自己的要求变高。他们的心智更加成熟，懂得按计划行事，喜欢动脑而且有意愿按时保质保量地完成任务。家长可以把握时机，培养孩子良好的学习习惯，锻炼孩子独立意识，引导孩子提高学习成绩。

（一）身体特征

9岁孩子正处于两个生长发育高峰之间的相对平稳阶段。身高、体重、大脑和内脏器官已经有明显发育，特别是大脑结构逐步完善。除大脑外，三、四年级孩子的其他各项生理指标只在量上比一、二年级时有所提高，基本没有质的飞跃，仍处于平稳发展中。但是，他们的大脑却处于迅速发展的时期。

9岁儿童的大脑的质量比7岁儿童的大脑质量有大幅度的增长，大脑神经的机能得到进一步加强，使心理活动更趋稳定。其中，明显的表现是他们比一、二年级的孩子更容易集中注意力听课。

（二）行为变化

此阶段的孩子注意力仍然不稳定、不持久，难以较长时间地注意同一件事物，容易被一些新奇事物吸引。语言能力有一定的提高，正处在由第一系统向第二系统转换的过渡阶段，常常出现"有话说不清"的情况。同时，他们迅速发展逻辑思维，在接触"好与坏""正确与错误""主要与次要"等概念时，尽管还有些模糊，但已有了初步的认识。

（三）情感表现

9岁孩子对妈妈的情感依赖逐渐减少，但对爸爸非常尊敬。许多9岁孩子与爸爸的关系变得前所未有的亲密，对来自爸爸的批评非常敏感，当然爸爸的称赞也能让他们备受鼓舞；特别珍重友情，朋友开始成为孩子世界的中心；积极与他人建立良好的关系，情绪比较外露、易激动，喜怒哀乐很容易通过面部表情表现出来；热爱班集体，学校集体的荣誉感、责任感等增强。

(四) 自我意识觉醒

这是孩子人格形成的重要阶段，最明显的心理特点是自我意识突然萌发并逐渐增强。其主要表现是，对外界事物有了自己的态度，有了自己对是非、好坏、善恶的评判标准，开始尝试自己做出判断。自我意识已经在心理活动中占据主导地位，有了自己独立的思想，容易因家长的教育不当出现心理健康问题。

(五) 记忆力发展特征

1. 记忆容量的增加

心理学研究发现，三、四级学生的平均短时记忆广度已有5个数字。家长也可以尝试将数字替换为图片或者不同颜色的彩带，通过不同的方式，了解孩子的记忆容量；或者比较孩子的听力记忆与观察记忆，看孩子更擅长哪个方面。

2. 记忆发展的主要特点

三、四年级学生记忆力发展的主要特点：有意记忆成为记忆的主要方式；意义记忆占主导地位；词的抽象记忆发展速度超过形象记忆。

3. 记忆策略的发展特征

三、四年级学生的记忆策略发展特征就是复述和组织 (归类、系列化)。

不断地重复信息有助于加强短时记忆，从而促进短时记忆转化为长时记忆，提高记忆效果。这种记忆方法称为复述记忆法。随着年龄的增长，孩子的复述方式会有所改进。

这个阶段，孩子开始懂得使用组织记忆方法。通过组织记忆方法，把需要记忆的内容之间的关系进行梳理，便于记忆和提取，从而提高记忆效果。组织记忆方法包括列提纲、对比、类比、找联系等。随着年龄的增长，孩子对于组织记忆方法的运用会越来越熟练。

三、9 岁孩子的家庭教育重点

本阶段是孩子在整个小学阶段比较平稳的发展阶段，还没有受到青春期发育的困扰，是家庭教育介入的最佳时期。

（一）抓住机遇，培养孩子良好的习惯

1. 高效的时间管理

时间管理是孩子自主管理的核心组成部分。能否较好地安排时间、充分利用时间，对孩子的发展影响很大。学优生的时间管理能力明显优于学困生。在小学阶段，有必要重视孩子时间管理能力的培养。

2. 制订目标计划

设定目标、制订计划是将梦想变为现实的基本功，需要从小培养孩子，要启发、引导孩子在不同的成长阶段设定自己想要达成的心愿、想法、目标。要多让孩子了解社会职业，初步启蒙生涯规划。

3. 科学规划时间

跟孩子讲解制订时间表的一些步骤，包括明确目标、确定具体内容、制订每个目标的完成期限、事后反馈完成情况。

在周末时，家长可让孩子以小时为单位自己划分、安排，想要做哪些事、分别需要多少时间等，然后鼓励、协助孩子去完成他的时间规划。

（二）引导孩子学会关心他人

这个阶段孩子的自我意识觉醒，独立思考能力提高，容易产生以我为中心的潜意识行为，不关注他人、不关心他人的感受。

家长在周末时可以带孩子逛逛菜市场。生活中，要引导孩子和不同年龄段的人进行交往。即便去超市购物，其实孩子在很大程度上也并没有进行有效的交流，只是"自选"而已。但菜市场就不一样，在这里面对的是活生生的社交对象。如文文很爱吃菜市场门口摊位的凉拌菜，后来因为学习忙了很久没去，再去的时候开店的婆婆就问他："最近是不是很累啊，好久没看见你了啊，多给你一勺你爱吃的小菜！"这就是社交中最宝贵的人情味，也是一个人对某个地方产生归属感、安全感的来源之一。

所以，如果孩子周末没有过多的安排，家长可以带孩子去赶周末早市，让他们在最新鲜的蔬菜瓜果摊位间，从嘈杂鼎沸的吆喝声、还价声及问候声中体会人与人之间交往的温度。

(三) 合理的体育运动

三、四年级的孩子有一定的体能基础，需要进一步发展身体的节奏感、协调性和柔韧性，提高反应速度、动作灵活性等。

学习与运动是终身的追求，是每个家庭成员都要关注和重视的事情，所以一家人应一起合理安排适当的运动计划。

(四) 创造空间，从小培养独立人格

从儿童心理发展的趋势看，随着年龄的增长，心理活动的主动性逐渐发展起来。在本阶段注意培养孩子独立的人格至关重要。

1. 把孩子看成一个独立的个体

孩子有自己的思想、情感、兴趣、爱好，家长应该尊重孩子的童心童趣，以平等的关系对待孩子，给孩子以应有的地位和权利，不要强迫他们按家长的意愿去行动。

2. 培养孩子独立生活的能力

常规教育应包括良好的生活卫生习惯、行为文明习惯等方面。其中，生活卫生习惯指的是勤洗手、洗脸、洗脚、洗澡，按时吃饭、睡觉，以及不随地大小便；不在墙壁上乱涂乱画；不随地吐痰；保持室内清洁卫生；等等。行为文明习惯指的是尊敬长辈、爱护同伴、爱护公物、使用礼貌语言等。

3. 给孩子创造一定的自由空间

要想培养孩子的独立性，就要给孩子创造可以自由、独立活动的环境。著名教育家陶行知先生提出，对儿童必须实行六大解放，即解放儿童的头脑，使他们能想；解放儿童的手，使他们能干；解放儿童的眼睛，使他们能看；解放儿童的嘴巴，使他们能谈，有提问的自由；解放儿童的空间，使他们到大自然、大社会去拓宽眼界，取得丰富的学问；解放儿童的时间，使他们有一些空闲的时间干一点他们高兴干的事。

(五) 让鼓励、激励成为孩子成长的助力器

1. 遇到错误多尝试

给孩子犯错、改错的机会，不要自以为是地批评。此阶段孩子的自主性和独立意识增强，有自己的主意和想法，在行动时难免会有一些做得不对的地方，犯

一些小错误，家长应该多让孩子尝试，给他们犯错、改错的机会。

2. 谈心沟通交朋友

增加与孩子谈心沟通的机会，与孩子交朋友。及时了解孩子的想法，调整自己的教育策略，与孩子一起完成一件事情，一起面对困惑，一起分享成功的喜悦。

3. 多鼓励少批评

多鼓励少批评，让激励成为教育习惯。多用激励语言，少用甚至不用伤害孩子自尊心的话语，给孩子心灵上的鼓励和支持。

主题四

了解你的10岁孩子（必修）

【课例简介】

　　本课旨在帮助家长更好地了解自己的孩子，学会适当地引导和教育孩子。通过本次培训，家长们能够深入了解10岁孩子的身体和心理发展特征，以及在孩子教育过程中需要注意的问题。

【教学目标】

　　1. 了解10岁孩子身体、心理特征的发展和变化。

　　2. 了解10岁孩子教育过程中的一些问题，例如，认知和情感发展、社会和情境引导等。

　　3. 学会采取有效的教育策略来引导和培养孩子。

　　4. 培养家长与孩子良好的沟通关系，营造和谐的教育环境。

【授课对象】

　　五年级学生家长。

【教学过程】

一、案例引入

　　孩子的成长有时会比父母想象中的要缓慢，但又真的让人捉摸不定。当孩子进入青春期时，渐渐不再需要与父母有大量的接触，距离感会让父母感觉很不安。一位来自新加坡的家长讲述了自己和孩子的故事。她的孩子已经是一名10

岁的少年。在讲述过去几年中孩子的成长经历时，她分享了很多，其中包括孩子和同龄人的互动、家长和孩子的互动、学校教育与家庭教育的交错等。她的孩子是个虎虎生威的男孩。在孩子10岁之前，亲子关系很融洽，孩子有什么事情都喜欢跟妈妈分享，一回到家就像小尾巴一样跟着妈妈，甚至有时候显得黏人而招致妈妈"甜蜜的嫌弃"。然而，10岁以后，孩子渐渐开始跟妈妈有所疏离。有时候妈妈问他周末想去哪里玩，他都一副爱搭不理的模样。"无所谓吧！""别管我啦！""你烦不烦呢？"成了他敷衍妈妈的常用句式。下午放学回家，尽管妈妈还像往日一样热情迎接，孩子却不再像以前那样笑容灿烂地回应，脸上明显的冷淡和无视让妈妈内心很是抓狂。周末的时候孩子明明在家，妈妈站在客厅里唤他的名字，他却毫无回应。她说："他宁愿在房间里戴着耳机上网，也不愿跟我多说一句话。这个孩子就像手握一把隐形的刀子，直插在我心口，让我很痛苦。我该怎么办？"

二、10岁孩子的身体、心理特征

长高是10岁孩子明显的变化之一。他们的身高和体重都比之前更趋向于标准值，面部的线条轮廓开始趋于成熟，性别特质也逐渐变得更加明显。同时，在心理方面，孩子逐渐形成了自己的观点、价值观和信仰。他们开始意识到自己的能力和独立性，并开始寻找自己的身份和发现自己的目标。这是一个相对矛盾的时期，孩子既渴望拥有自己的独立性，又希望被人关注并得到支持。

1. 身高、体重：平均身高约为135厘米，体重在30至40千克之间，但也有个别极端情况。家长应注意孩子的饮食和运动习惯，保证孩子的营养和健康。家长可以让学生多参加一些体育活动，以促进身体的健康发育。

2. 手部、脚部能力：手部和脚部能力有了较大的提高。这个年龄段的孩子手部的协调性和灵活性增加，能够更加熟练地进行书写、绘画和手工活动；脚部的精细动作能力也有所提高，能够进行一些复杂的运动。家长和教师可以通过鼓励和支持孩子参加各种体育、艺术活动，帮助他们锻炼手部和脚部的能力。

3. 对交往的需要：在人际交往方面已经可以落落大方，少了以往那种羞怯的表现。这说明这个年龄段的孩子在人际交往中的自信心有了明显的提升，开始对与其他人的交往有了更多的需求。他们渐渐地从家庭中脱离，更多地与同伴一起交流、活动，结交志趣相投的同学成为知心朋友。他们无话不谈、形影不离，视友谊为珍宝。他们开始关注朋友与同学的看法和评价，并希望得到他人的认可和赞同。一些孩子会表现出对孤独的恐惧，需要家长和老师的陪伴和引导。

4. 认知特点：认知发生很大变化。孩子能够开始理解和分析比较复杂的问题，有了更深入的思考能力。他们能够更好地运用自己的知识来解决问题，并开始学会独立思考和判断。同时，好奇心和探索欲也日益增强，愿意尝试新鲜事物，挑战自己。

5. 注意力特点：注意力有所提高，能够持续较长时间进行一个任务。但对于这个年龄段的孩子来说，周围环境的干扰和诱惑常常会使他们分心，因此，提醒孩子集中注意力也是非常重要的。家长和老师可以通过提供合适的学习、游戏等环境，或者给予适当的赞助、奖励礼物来帮助孩子提高注意力。

6. 情绪情感特点：在情绪和情感上有较大的波动。孩子已经开始能够自我认知和表达自己的情感，对于矛盾事件的处理会更加理性和成熟。然而，孩子有时有可能会因为一些因素（如家庭和学校的压力、人际关系等）而感到沮丧、孤独和焦虑。家长和老师可以通过和孩子沟通，尊重他们的情感和需要，帮助孩子更好地了解并认识自己。

10岁孩子的身高、体重，手部、脚部能力，对交往的需要，认知特点，注意力特点，情绪情感特点等方面都发生了巨大的变化，家长和老师应该关注孩子的发展变化，引导他们更好地成长。通过合理的饮食、科学的运动、与他人交往、进行创造或探索活动，他们能更加积极乐观地面对人生。同时，家长也需要留心孩子的情感状况，给予他们适当的关注和帮助，让孩子快乐地成长。

三、良好习惯的培养

父母在孩子的成长过程中扮演着至关重要的角色。以下是一些关于父母对教育10岁孩子的注意事项：

1. 制订清晰的规则和边界。10岁孩子需要明确的指引和规则，尤其是家训和家规。

2.建立良好的沟通和互动。通过和孩子的交流，父母追踪并评估孩子的变化过程。10岁孩子仍然需要得到父母的支持和鼓励，特别是在他们面临挫折和困难的时候。

3.了解孩子的个性和兴趣。全面了解孩子，给孩子制订正确的教育策略、给予孩子有效的支持和激励非常重要。帮助孩子学会处理情绪，提高他们的自我认知水平，并帮助他们掌握沟通技巧，提升解决冲突等的能力。

4.优化学习经验。为孩子创造良好的学习环境，并提供全面的学习支持，帮助孩子了解自己的学习风格和阅读策略，提高他们的学习效率。

四、社交技能训练

10岁孩子对与同伴建立友谊的需求逐渐增加。他们开始表现出更多的独立性和个性，对同伴关系产生更多的兴趣和好奇。在这个时期，家长可以协助孩子构建良好的友谊关系。

（一）交友特点

1.倾向于与同性别的同伴交往。在同龄的男孩女孩之间，可能会存在某些差异，如兴趣爱好和思想观念等。因此，孩子更倾向于与同性别的同伴交往，更容易找到具有共同点的朋友建立友谊。

2.适合小团体活动。更喜欢和朋友们一起玩耍、学习，组织一些小团队活动。这种交往方式有助于孩子锻炼自己的团队协作能力，并且能够在活动中与同伴建立更紧密的关系。

3.重视外貌和品位。更加注重自己的外貌和穿着，这些特点也会反映在他们和同伴交往的方式上。即使在非正式场合，孩子也可能会花费很多时间来装扮外形、搭配穿着。

4.求得认同和赞扬。更加需要得到同伴的认同和赞扬，这对自尊心和自信心有着很大的影响。因此，孩子会试图通过发挥自己的才智、知识和能力，赢得其他同龄人的好评和尊重。

（二）家长帮助孩子构建良好的友谊的方法

1.鼓励孩子多与同伴互动。鼓励孩子开展一些团队活动，促进孩子与同伴之间的合作和互动。可以鼓励孩子安排一些游戏和竞赛，在团队合作中学会相互支持和协作。

2. 帮助孩子树立正确的交友观念。教育孩子始终坚持真实、诚实和坦率，尊重自己和他人的立场和观点，争取同伴的认同和赞扬。

3. 帮助孩子提高自己的社交技巧。鼓励孩子分享自己的想法和感受，尊重他人的立场和观点；培养孩子礼貌、谦虚的品格，尤其是在与同伴发生争执和面对不同观点的时候。

4. 了解孩子的需要和兴趣。根据孩子的兴趣和特长，帮助孩子发现自己的优势和潜力，并鼓励他们通过实践和探索发现志趣相投的朋友。

5. 鼓励孩子反思自己的言行举止，学会调整自己的社交策略和技巧，以更好地适应不同的人际关系。

五、总结

通过本次课程学习，家长应能了解到10岁孩子的身心特征，以及如何采取有效的教育策略来引导和教育他们。特别应注意，10岁孩子的成长需要家长的支持和爱护，因此，良好的沟通、互动和关注是不可或缺的。最终，我们期待家长能牢记：只有站在孩子的立场上思考，才能更好地理解他们的需求，给予他们更多的支持和帮助。

主题五

了解你的6岁孩子（选修）

【课例简介】

儿童身心发展具有阶段性、顺序性、整体性等特点。本课从家长需要掌握的儿童身心特征、心智能力等方面介绍知识点，引导家长结合孩子成长需要运用有效的管教策略，达到胜任当前角色、积极配合学校教育的目的。

【教学目标】

帮助家长全面了解6岁孩子的身心特征和心智能力；指导家长掌握有效管教6岁孩子的技巧，提升家长角色胜任感，提升入学适应阶段的家校共育实效。

【授课对象】

一年级学生家长。

【教学过程】

一、案例引入

明明6岁了，他很喜欢小学生活，但又很怀念幼儿园的一切，就连课间都会想起幼儿园这个时间该吃点心了。明明在学习上也有些不适应。老师要求背诵的古诗，他念了很多遍也背不下来，好不容易记住上半句，总想不起来下半句是什么。一首《静夜思》他愣是背了一个星期，才总算记住了"举头望明月"的后面是"低头思故乡"。明明的爸爸妈妈很焦虑：明明这是怎么了？

二、6岁孩子的身心特征和心智能力

(一) 爱走极端，内心矛盾重重

6岁孩子，是一个典型的小小矛盾体，集两个极端于一身，经常陷入纠结的生活状态。任何时候他都想要鱼和熊掌兼得，常常为做出一个决定而左右为难。孩子爱走极端的具体表现就是在读书时会把文字顺序念反了，写字时也常常把笔画顺序看反了。的确，这个阶段孩子的视觉颠倒实在是一件难以忽视的事情。孩子这种容易看反的倾向，恰好就是我们认为应该推迟教孩子读与写的原因之一。另外，孩子的肌肉较成人柔软，缺乏持续作业的能力，特别是手指小肌肉不够发达，写字训练时间一长就受不了，容易疲劳。写一会儿，要休息一下，再接着写。如果家长不理解孩子的这些身心特点，总是在孩子做作业或写试卷出现错漏、没做完等时，就埋怨孩子太过粗心或不够努力，其实是冤枉孩子了。

(二) 觉得自己是整个世界的中心

6岁的孩子精力旺盛而且野心十足，他想要争第一，想要考100分，想要做最好的学生，想要得到最多的奖励，想要胜过一切。他是如此渴望能做好，做到最好，赢得第一，想要得到喜爱和夸奖，因此，任何小小的挫败都让他受不了。孩子一方面接受不了也忍受不了任何的失败与批评，另一方面又非常喜欢别人顺着他的意思，给他戴高帽子。这都是因为他内心的安全感不足。孩子很大一部分的倔强、傲慢和颐指气使，其实都是他竭力寻找安全感，努力想要自己独立起来所致。所以，假如他吹嘘什么事情对他来说"太容易"了，那么我们很有理由相信这件事情其实对他来说实在是太难了。

(三) 开始进入"心理断奶期"

6岁的孩子刚刚跨进小学的大门，真正独立地走进一个全新的学习和生活环境，也开始进入他的"心理断奶期"。大部分的孩子会感到颇有压力，发现出紧张、兴奋，甚至说梦话。他们最大的苦恼是既依赖妈妈，又想要离开妈妈，期盼走向独立，所以6岁是孩子与母亲真正开始分离的起点。实际上，正是孩子这种十分自然的转变，也就是从5岁时与妈妈的紧密相连到现在开始走向更加独立的转变，使得孩子对妈妈往往显得格外强横。而他为了要离开妈妈走向独立所做出的各种努力，又使得自己的内心格外焦虑与惶惑。他担心妈妈会不会生病了，甚至会不会死了，害怕放学回家时看不到妈妈。因此，这种极端两极化的招牌特征，让他很可能在这一分钟对妈妈说"我爱你"，下一分钟就对妈妈说"我恨你"。孩子这份强烈的情绪波动，实在不难理解。他一时间满心都是对妈妈的爱，一时间又企图自己学会独立。这种两极间的冲突，往往会使得孩子陷入迷茫与苦恼之中。不夸张地说，6岁孩子与妈妈之间是典型的纠缠不清。他既依赖于妈妈，又渴望自己能够不依赖妈妈。

(四) 满腔热忱又无敌可爱

6岁孩子最可爱的地方就在于他的一腔热忱。他对新的奇遇、新的游戏和新的想法都充满了激情。他喜欢炫耀他在学校里学会的东西，喜欢问各种问题。他喜欢你读书给他听，喜欢跟你一起学新的东西。6岁孩子的另一个十分惹人怜爱的特征，是他在感情上的炽热。当他和爸爸妈妈之间相处和谐的时候（这样的时候其实有很多），没有谁会比他更加敞开胸襟、满怀炽热地向亲人表达爱意了。有些时候，他真可以说是美好的、暖心的、忠诚的而且敬仰你的小小的朋友。当他眉飞色舞、十分戏剧化地告诉你"你从没有见过的……""……是我所经历过的最美好的时光"时是多么得可爱！开心的时候，他会欢畅大笑，更会手舞足蹈。哪怕是睡觉的时候，他也会让自己全身心地投入自己的梦乡之中。这就恰好解释了为什么他一旦做噩梦会那么懊恼。6岁孩子的热情相当有感染力，仿佛一切都能让他觉得兴致盎然。因此，为他提供机会，满足他对新奇与快意的向往，是家长人生的一大乐事。

(五) 集中注意时间较短，能力有限

6岁孩子能够全神贯注地投入在某一件事上的平均时间大约是15分钟。比如，很多家长收到老师反馈的信息是孩子在课堂上坐不住，自己不听课还总爱去打扰别人。父母在家辅导孩子作业的时候，也发现孩子写一两行字就开始抠橡皮、敲桌子等，惹得自己一肚子气。实际上，连续学习15分钟左右就会开小差，是这个年龄段孩子很正常的表现。除非孩子遇到自己感兴趣的东西，注意力会很集中，注意时间也会延长。父母可以在下棋、拼图、玩玩具等活动中，有意识地锻炼孩子的注意力。

(六) 以机械记忆为主，理解记忆较弱

这个年龄段的孩子处在具体形象思维阶段，善于死记硬背的机械记忆，理解性记忆能力还很差。他们往往能将一首童谣叽里呱啦地说出来，但并不知道文字背后的意义。如果有些孩子信息加工的能力较弱，真的会今天记明天忘。根据艾宾浩斯记忆遗忘曲线呈现的先快后慢的特点，要想让孩子掌握新知识，最好是及时复习，尤其是刚学习时要多次复习，往后再渐渐延长复习的间隔时间。记忆力的好坏会直接影响孩子的学习成绩。孩子对自己感兴趣的事情会记得非常牢，心情好的时候容易记事，所以要想让孩子记性好，调动孩子的学习兴趣、找准最佳记忆时间很重要。

三、与6岁孩子相处的技巧

和6岁孩子相处，需要运用一定的技巧来化解矛盾。

（一）看见孩子的努力

6岁的孩子任何时候都希望父母看到自己在努力，哪怕在他把事情搞砸的时候。也许父母并不认为孩子在努力，尤其是在辅导作业几近崩溃的时候，仿佛拿放大镜都找不出孩子积极拼搏的蛛丝马迹。但父母一定要尽力去找。比如，孩子刚开始练习写汉字，可能一整行都是"鸡爪印"，但聪明的父母总能从中找到最漂亮的那个字对孩子说："看得出你第二个字写得更努力，横平竖直都写得很到位，这个字看起来比其他字要漂亮些。"或者哪怕是一个笔画，也可以大加夸赞。事情往往就是这样，哪怕孩子胡搅蛮缠、蛮横无理，但家长的几句溢美之词确实常常能够创造奇迹。

（二）给孩子挑战你的机会

很多6岁的孩子都会用"我不干"来直接拒绝你的任何要求。别把这句抗拒放在心上，也别跟孩子正面冲突，请你试着这么回应他："我想你可能需要我给你三次机会。"让孩子发觉他不但可以明目张胆地抗拒你，而且还可以有机会避免立即跟你开战，这会让他明显放松下来。通常来说，6岁的孩子会在用掉他最后一次机会时，顺从你的要求。

（三）多给孩子一点时间

如果你想让你那小丫头或者小伙子做一件事情，而人家却像个小木头桩子一样一动不动，你会怎么办？你可以平和地、很有信心地说："我来数到十，看看你能不能开始了。"（当然，你愿意数到几都可以）这么做等于给了孩子一点儿时间来收敛心神。如果发现孩子还在继续拖延，不肯顺从，你不妨数得更慢一些，多给孩子一些时间。还有一个类似的做法，你可以在挂钟上做记号，告诉孩子："等大针指到顶上这里的时候，你就该收拾玩具了。"也就是说，不需要让孩子立即停下玩耍来服从命令，你得提前给他预告，给他时间接受你的要求。

(四) 不要跟孩子以硬碰硬

与其直接跟孩子针尖对麦芒，你不如干脆转换主题或者环境。许多6岁的孩子都会竭尽挑衅之能事："我不干！""逼我，你试试看！"但是，当他们发觉战火并不会燃烧起来的时候，反而会松一口气。有一个办法能有助于你尽量避开针尖对麦芒的硬顶，那就是要尽可能地少给孩子下直接指令。针对6岁孩子，除非在万不得已的情况下，请你尽量间接地给孩子指令，这反而会减少很多麻烦，节省很多时间。

(五) 跟孩子做约定

我们不可能在每件事情上都跟孩子讨价还价，这样做不但会浪费很多时间，还会给孩子留下一个你软弱可欺的印象。但是，跟孩子做约定又是很有必要的。有一个小女孩，特别爱吃棒棒糖，没完没了地缠着她妈妈索要，搞得她妈妈筋疲力尽。终于，妈妈跟小姑娘提出了条件，跟她讨价还价：如果小姑娘真能尽力克制自己，不去招惹她哥哥，那么她就可以每天吃一根棒棒糖。果然，从那以后，为了每天得到一根棒棒糖，小姑娘的行为收敛了很多。

(六) 冷处理

就是把孩子从"战斗"中拽出来，让他单独"凉快"一下；或者各自退避三舍。这一招有时候相当管用。

四、总结

6岁孩子经历着幼儿和儿童两个发展阶段的交替转换，他的身心发展比较迅速，也呈现矛盾突出、热情洋溢等特点。希望家长在充分认识这一时期孩子身心特征的基础上，帮助孩子找到他的天赋和志趣，和学校老师一起携手，托起明天的太阳。

主题六

正确看待初中生异性交往（选修）

【课例简介】

了解初中生的身心发展特点，对孩子的异性交往行为有充分的认识，能指导孩子把握异性交往的尺度，从中获得身心健康和人格发展的营养，为其成年后的婚恋生活奠定良好的基础。

【教学目标】

1. 了解初中生异性交往的规律和需求。

2. 引导家长积极应对孩子与异性同伴的正常交往行为，能指导孩子在爱中学习与成长。

3. 提升家长对孩子的认识和尊重，营造和谐的家庭氛围，为孩子未来的幸福婚恋生活奠基。

【授课对象】

六至九年级学生家长。

【教学过程】

一、案例导入

（一）呈现案例，引发讨论

作为班长的小萱成绩优秀，积极热情，但在七年级下学期期末的时候，家长发现小萱的行为有点特别。她在家写作业时经常不能集中注意力，变得爱打扮了，还时不时有男生打电话找她。妈妈趁她上学时，翻看她的日记，得知小萱和班上某同学在交往。爸爸知道情况后勃然大怒，严厉批评了小萱。往后的一段时间里，小萱父母经常轮番对她进行批评教育，冲突激烈的时候，爸爸还气得拿棍子打她。在这种高压教育下，小萱情绪低落，变得寡言少语，成绩持续下滑，后来竟然选择了离家出走。

是什么导致小萱和父母之间的冲突呢？你怎么看待小萱父母的教育行为呢？对照小萱的行为和心理变化，你对自己的孩子有过类似的担忧吗？

（二）案例解析

这是一个很典型的失败的家庭教育案例。仅从家长的教育方式角度来看，在教育孩子的过程中，家长不当的教育行为和方式是问题的根本。

1.偷看孩子日记，出现棍棒体罚的过激行为。

2.亲子谈话中只有批评和指责，同时父母自身情绪调控能力弱，一旦引起情绪冲突，又不懂得如何控制。

3.不了解孩子当前的身心发展特点，不能根据孩子的成长规律调整自己的教育方式。

小萱的父母正因为采用了这些不恰当的教育方式，才使亲子之间的感情出现了裂缝。那么，家长可能会问，如何才是正确的处理方式呢？

其实，很多家长最担心的就是孩子无法把握与异性交往的尺度，出现早恋行为，从而影响正常的学习和生活。但是，正常的异性交往对孩子的发展是十分必要的，有利于孩子的身心健康和人格发展，也为其成年后的婚恋生活奠定良好的基础。要想帮助孩子把握好异性交往的"度"，我们先得了解孩子异性交往的特点。

二、初中生异性交往的特点

（一）异性交往具有不同时期，从"朦胧期"向"钟情期"发展

异性交往具有不同的发展时期，不同年龄的孩子可能处于不同的异性交往阶段，具有不同的异性交往特征。

（1）朦胧期：女孩9~11岁，男孩10~12岁。开始明确自己的性别角色，对性

别差异非常敏感。男孩女孩在一起时会感到拘束、害羞，往往采取疏远和躲避的态度。例如，小学高年级的男孩跟女孩几乎不会一起玩，也不会一起讨论学习问题。如果有男孩和女孩走得稍微近一些，就会有同学悄悄议论谁喜欢谁的问题。

（2）爱慕期：女孩11~13岁，男孩12~14岁。此时，男女生在一起觉得有意思，开始同异性谈话与交流，并且开始注意自己的服饰、举止，想给异性留下好印象。然而，此时异性之间的好感是宽泛的，没有具体对象。例如，孩子上初中后会突然开始注意打扮；女生常常会聚在一起讨论班里哪个男生最帅；统一的校服也要努力穿出特色，吸引异性的眼球。

（3）初恋期：女孩13~15岁，男孩14~16岁。男孩和女孩的性机能发育基本成熟，内心开始萌发初恋的"幼芽"。如果发现喜爱的异性，会给予特别的关注，感情上希望多接触、多交往，而理智上又有种种顾虑。异性同学的一个眼神、一个微笑、一个动作或者一次活动中的出色表现都会成为一种巨大的吸引力，让他们沉醉其中。这个时期，孩子特别注意自己的外貌和打扮，见到喜欢的异性会心神不定，然而，对异性的好感仍不是完全一对一的。

（4）钟情期：女孩15~17岁，男孩16~18岁。此时，有的孩子会很专一地倾慕、爱恋某个异性，并且出于对浪漫爱情的向往而把自己塑造成"痴情男女"，一旦相爱，便不顾一切。但是由于涉世未深，他们对人生没有充分的认识，往往陷入其中难以自拔，一旦受挫，会意志消沉，产生厌世心理，有的还可能走上完全放纵自己的道路。

（二）适度的异性交往有益于孩子的发展

异性交往能促进自我概念的形成和自我同一性的发展。通过与异性的交往，孩子更加清楚自己的性别角色及在社会中的地位，对自己的认识更加深刻。例如，有良好异性交往的男生会变得更加绅士，注意照顾身边的女性。同时，他们会更加愿意担负责任，能够对自己和别人负责。

异性交往能提高自信。异性交往不仅像同性交往一样可以提高孩子的心理健康水平，还可以提高孩子的自信，异性的认可和接受会使孩子更容易表现出友好、谦虚的品质，更容易适应环境。

异性交往能帮助孩子练习交往技能，为日后获得成熟的爱情奠定基础。有良好异性交往的孩子更懂得与异性交往的诀窍，比如，要给男生留面子，女生较真的时候要先安慰后讲道理等。这些技巧也使得孩子成年后的异性交往比较顺利，更容易跟喜欢的人相处，获得爱情。

异性交往给孩子提供听取不同角度意见的机会。由于男性和女性思维方式的不同，对于很多问题异性会有完全不同的视角，异性在一起讨论问题时，给了彼此获取多方面建议的机会。例如，女生跟好朋友产生矛盾的时候，喜欢一个人生闷气，不理对方，一段时间都无法解决矛盾，心情压抑；而男生可能会建议她有什么问题就直接说出来，这样更有利于矛盾的解决。

异性交往还可能获得学习上的帮助。由于性格及智力发展上的差异，女生一般擅长文科，男生一般擅长理科。异性交往时可以互相帮助，学习自己不擅长的科目。如女生费尽心思解不出来的物理题，男生画个图很快就做出来了；而女生也可能教给男生一些自己总结出来的学习规律和窍门。

（三）孩子的早恋动机各不相同，家长需要"把把脉"

初中生早恋其实是一种相对正常的现象。据不完全统计，七年级学生中大概有5%的学生会对异性产生好感或早恋，到九年级则增加到16%左右。但是，初中生的心理尚不成熟，自我控制能力较差，不容易把握异性交往的尺度，会带来情绪的波动，从而影响正常的学习生活，这也是父母和老师对早恋尤为担忧的根源。

初中生早恋，主要有这五个方面的动机：对爱的渴求、好奇心理、虚荣心理、叛逆心理和从众心理。

1. 对爱的渴求。有的初中生在家庭中缺少父母情感上的关爱和支持，内心觉得孤独，缺乏安全感，渴望从异性身上得到相应的情感补偿。

2. 好奇心理。对异性产生强烈的好奇心，是青春期的孩子随着性意识的发展而出现的一种心理现象。初中生对异性变得很敏感，渴望了解异性的心理和生理，为了满足这种好奇心，就想结交异性朋友，建立"恋爱"关系。

3. 虚荣心理。有的初中生把获得异性好感与异性交往当作对自己容貌、能力等的肯定。尤其是一些在学校表现平平的孩子，他们平常默默无闻，得不到老师和同学的重视，缺乏成就感，这时候如果有异性对他们表示爱慕，他们很有可能为了引起大家的关注而早恋。

4. 叛逆心理。有的初中生完全是因为叛逆，总觉得越是家长反对的事情越是要做。尤其是在二人尚未确定关系的时候，如果家长强烈反对，在逆反心理的作用下极有可能发展成早恋关系。

5. 从众心理。有的孩子看到周围的朋友都早恋，出于羡慕或者因为"与大家一致"的同伴压力而早恋。

陷入早恋的孩子，一般都有一些显著变化：有的突然变得爱打扮，特别关注自己外表；有的情绪起伏大，有时兴奋，有时抑郁，有时走神，有时烦躁；有的学习状态变得不积极，作业应付，成绩下降；还有的背着家长打电话，不愿意告知家长出门原因。作为家长，一旦发现孩子有早恋问题，首先要理性看待这件事，通过观察孩子的行为表现去琢磨孩子背后的动机，切忌草木皆兵、如临大敌、情绪失控。

三、换个方式来对待，父母可以这样做

(一) 支持孩子与异性同伴正常交往

父母要支持孩子与异性同伴的正常交往，既不能听之任之，也不能捕风捉影。例如，可以鼓励孩子积极参加课外活动，与共同参与活动的异性同伴互帮互助；可以鼓励孩子在组成学习小组时接纳几个异性同学，充分发挥男女生各自的优势。当孩子跟异性好友相处存在困惑时，父母需要及时给予关心和指导。例如，可以建议孩子跟好朋友坦诚地聊一聊，特别是在解释误会时，选择比较直接的方式寻求朋友的支持和谅解会更有效。

(二) 根据孩子的身心特点，相机进行教育和引导

1. 对于处在朦胧期的孩子，父母要引导他们正视自己的性别角色，在与异性同龄孩子交往中要大方、诚恳，克服拘束、害羞的心理。例如，可以给孩子树立熟悉的同性成年人榜样，告诉孩子遇到问题时恰当的反应方式和需要承担的社会责任。

2. 对于处在爱慕期的孩子，父母要教育他们尊重异性和自我尊重，注意自身的行为举止和文明礼貌，与异性同学坦诚合作。例如，告诉孩子看人时表情要友

好，尤其不能一直盯着异性同学看，避免尴尬。

3. 对于处在初恋期的孩子，父母要教育引导他们多参与群体活动。教育孩子与异性交往时应注意自己的言行，不随便打闹，不动手动脚。例如，让孩子在跟异性朋友相处时要注意说话的分寸。如果家长确定孩子早恋了，不要强硬压制，而应从中立的角度，给孩子解释早恋的不利影响，以"过来人"的经验告诉孩子该怎样处理这种关系、怎样避免受伤害。

4. 对于处在钟情期的孩子，特别是萌发对异性朋友爱慕的孩子，可以建议他们为了自己和对方的长远发展，为了让这份感情有个好结果，暂时搁置"爱情"，维持好朋友的相处模式，全身心投入学习和集体生活。例如，家长可以从长远婚恋的角度跟孩子分析现在开始恋爱的诸多隐患，建议孩子到上大学之后再开始正式恋爱，目前继续考察自己和对方对感情的认真程度。

(三) 父母要规范自己的言行，给孩子积极的影响

家长在日常生活中，要表现出对孩子的真诚关心与人格的尊重，营造一个和谐的家庭氛围。例如，在孩子面前不要说带有性别歧视的话，诸如"女人头发长见识短""男人都特别坏，没有好东西"之类。家长在孩子面前，不要做过分亲密的动作，不要穿过于暴露的衣服。无论在什么场合，家长都要注意文明礼貌，尊重异性，给孩子良好的影响。

总之，处理孩子异性交往和早恋问题，家长是关键。家长不同的教育方式，对孩子、对家庭产生的影响会截然不同，甚至对亲子关系也会产生深远影响。孩子正值青春期，正处于人生中最美好也最多变的阶段，格外需要正向情感，父母应该和风细雨地耐心指导，在理解的基础上真诚对待，让青春期的孩子安全脱离这美丽的危险地带。

附：

早期亲密关系测量问题

早期亲密关系测量工具是一个用于评估青少年在早期人际关系中，尤其是与异性同伴或亲密伙伴之间的互动模式、情感联结、依赖性等方面的心理测量工具。这类工具通常用于了解青少年在情感发展过程中是否存在早期亲密关系的倾

向，以及这些关系是否健康和积极。

　　1. 你是否经常想和某个特别的异性朋友一起待在一起？

　　2. 当你遇到问题时，你是否会第一时间想到某个异性朋友？

　　3. 你是否曾与某个异性讨论过未来的计划？

　　4. 你认为你与某个异性的关系会持续很长时间吗？

　　5. 你与某个异性朋友联系的频率有多高？

　　6. 你是否经常与异性朋友单独出去玩？

　　7. 你是否感到能够自由地向某个异性朋友表达你的感受？

　　8. 你是否曾经向异性表达过对他们的喜欢或依赖？

　　9. 你是否会对父母隐瞒与某个异性的见面或聊天情况？

　　10. 你是否有不想让他人知道的异性朋友？

　　11. 你在与异性朋友的相处中，是否曾经有过牵手、拥抱等行为？

　　12. 你是否曾与某个异性朋友有过身体接触，而你觉得这关系很特殊？

　　13. 你是否觉得与某个异性朋友在一起时能感受到被理解和支持？

　　14. 你是否觉得自己在异性朋友那里找到了归属感或安全感？

主题七

如何教会孩子自我保护（选修）

【课例简介】

通过理论讲解、案例分析和沟通互动，让家长了解儿童性保护的常识，懂得如何指导孩子在危机来临时采取有效的应对措施，加强防范意识。

【教学目标】

1. 家长了解性骚扰和性侵害会给身心造成的伤害，正确认识到防性侵教育的重要性。

2. 了解哪些情况属于性侵害，如何避免性侵害的发生，以及教会孩子掌握保护自己身体的方法。

【授课对象】

中小学家长。

【教学重点】

引导家长增强防性侵意识，指导家长如何开展防性侵家庭教育。

【教学资源】

"危险自测表"调查问卷。

【教学过程】

一、案例导入

2017年，台湾女作家林某在自己的住所上吊自杀，年仅26岁。她的父母在她去世后发表声明，说明林某患抑郁症的主因是八九年前被补习老师实施了诱奸。

被性侵对一个人的身心所造成的伤害有可能影响其一生。今天的父母对于孩子的性保护问题重视得远远不够。中国人民公安大学曾经对全国各地数千名中小学生做过一次调查，发现性侵害案件的隐案率是1∶7。也就是说，如果有1起性侵害案件被揭露出来，背后还有7起不为人知。为此，家长需要了解性侵害的常识，给孩子建立起防性侵的保护屏障。

二、什么是儿童性侵害

对于儿童性侵害的定义，世界卫生组织(WHO)规定，是指儿童卷入参加不能够完全理解的性活动，或因不具备相关知识而同意的性活动，或因发育程度限制而无法知情同意的性活动，或破坏法律或社会禁忌的性活动。侵害者因其年龄或身心发育程度相对处于强势地位。侵害者既可以是成年人也可以是儿童；既可以是承担照顾责任、被儿童信任的熟人，也可以是以暴力相胁的陌生人。侵害者与儿童的性活动只是为了满足侵害者自身的需要，包括：(1)利用或强迫儿童从事任何性活动；(2)利用儿童进行色情表演或观看色情材料。该定义强调侵害者与儿童之间的权利差距，将性活动扩展到了非身体接触，强调性侵害不仅侵害了儿童的身体，更侵害了儿童支配自己身体的权利与意志。

龙迪博士在其著作《性之耻，还是伤之痛》这本书里，对性侵害做出的界定是：18岁及18岁以下的未成年人(男性或女性)在威逼利诱下，卷入任何违背个人意愿的性活动，或在非知情同意情况下参与性活动。性活动包括带有性含义的身体接触，如抚摸身体、抚摸生殖器及体腔插入等，也包括裸露身体、观看裸体、拍摄裸照、观看色情录像或图片等非身体接触。

无论是世界卫生组织还是龙迪博士对儿童性侵害的定义，都是建立在"侵害者以满足自身性需要为目的"的基础上，这是大家容易理解的"显性性侵害"。

而另一类对儿童的性侵害，侵害者并非以满足自身性需要为目的，而是发生在无主观性侵害儿童的情况下，如在照顾儿童生活或者对儿童表达爱意的方式中出现了性侵害儿童的行为。这一类性侵害在美国学者约翰·布雷萧的著作《家庭会伤人》中被称为"隐性性侵害"，也让我们对儿童性侵害有了更多角度的研究。当成年人的行为破坏了儿童的身体界限感和儿童的性心理正常发展轨迹时，隐性性侵害就发生了。比如，成年人帮助6岁以后的孩子清洗生殖器或以逗弄孩子的生殖器来表达对孩子的爱意等。侵害者也并不知道这些行为对孩子造成了性侵害。

三、什么人可能会对孩子造成性侵害

（一）把孩子托付给熟人并不安全

在人们过去的观念中，熟人是家庭社会支持系统中的重要一员，父母有事不能照顾孩子，家里的老人又帮不上忙的时候，父母往往会把孩子托付给熟人。然而，据相关调查统计发现，对儿童进行性犯罪的嫌疑人中有85%以上是儿童认识的人，陌生人性侵害儿童的约占15%。

数据显示，对孩子进行性侵害的，大多是孩子熟悉、信任、尊重、亲近和依赖的人。侵害者与孩子处在不平等的权利关系中，比如，亲人、邻居、老师、父母的朋友等。孩子对这些人没有防范意识，而侵害者利用其权势侵犯和剥夺受害孩子自由支配自己身体的权利和意志。

有人曾经对120名11~12岁的孩子进行调查，请他们描述出什么样的人会对儿童进行性侵害。在孩子们的描述中，没有一个孩子认为父母、亲人、老师、父母的朋友、邻居叔叔会对自己进行性侵害。他们认为，进行性侵害的人都是长相丑陋凶狠、心理变态的人。一些孩子这样描述侵害者："他长得非常丑，头发稀少、脸上有疤痕、小眼、塌鼻子、大嘴巴，身材高大，手很大，脚很大，耳朵也很大。"孩子们会将侵害者脸谱化，从而对真正的坏人缺乏防范。

所以，父母要尽可能地留在孩子身边，不要轻易把孩子托付给某一个熟人看管，不管是同性还是异性。同时，父母要告诉孩子：任何人都有可能性侵害儿

童，不论年龄、性别、职业，侵害者可能是孩子的亲人、父母的朋友、隔壁邻居、学校的老师。但是，这个世界上绝大多数的人是爱孩子的，伤害孩子的只是极少数的那一部分人。所以，要让孩子懂得辨别好的接触和不好的接触，如果遭遇性侵害知道如何应对、保护自己。

(二) 男孩也会成为性侵害的对象

在过去，都是有女儿的父母担心自己的孩子会有被性侵的危险。随着越来越多的男孩被性侵事件的发生，这一传统观念已经被颠覆。据调查，男童遭受性侵害较女童还要高出不少。因此，在性教育和防范性侵害方面，男孩一样需要受到重视。家长要对男孩和女孩进行防性侵的教育。

(三) 对照问卷，检测可能存在的风险值

问卷调查

1. 孩子尤其是女孩子经常一个人在家。

2. 把女孩交给"半熟脸"看管。

3. 不相信老师会对学生做出不轨的行为，认为教师是个高尚的职业，其中不可能有猥亵行为的发生。

4. 接受陌生人给的好吃的东西，和陌生人出去玩。

5. 女孩突然不爱上学，外阴部异常。

6. 邻居大叔对小女孩过分亲热。

以上6条，每条5分。有5分，说明存在较大危险隐患；如果20分以上，进入红色预警，必须马上消除。

(四) 应对性侵害的具体措施

父母要让孩子清楚地知道哪些是性侵害行为，要告诉孩子，如果有人对自己有如下行为，是不对的：

1. 把孩子带到一个隐秘的地方，叫孩子脱下衣服或裤子，摸孩子的胸部或生殖器。

2. 让孩子摸对方身体的某个地方 (如胸部、生殖器)，或让孩子看他的裸体或隐私部位。

3. 带孩子看有很多成人裸体镜头的电影或者视频。

4. 用他身体的某个部位 (如生殖器或者嘴巴) 接触孩子身体的隐私部位。

5. 在公交车、电影院等公共场所摸孩子身体的隐私部位。

(五) 教孩子学会区分好的接触和不好的接触

父母要告诉孩子，我们人类会用身体接触来表达爱意。在生活中我们会亲吻拥抱，表达我们的亲密关系；父母的朋友、同事在表达对孩子喜爱的时候，也会与孩子有身体的接触，这样的身体接触让我们感受到爱与被爱，是好的接触。

如果成人与我们身体接触的时候，成人身体的某个部位 (如手、生殖器) 在孩子身体的隐私部位反复触摸或者摩擦，这就是不好的接触。当孩子遭遇不好的接触时，要立即想办法离开，并把事情告诉父母。

(六) 教孩子有效的应对措施

父母要让孩子明白，一旦遭遇性侵害，有以下几条应对措施：

1. 在公园、公交车、地铁里等公共场所遇到性骚扰时，不要忍气吞声、姑息迁就，而是要理直气壮地严肃警告、大声呵斥、大声呼救："请你把手拿开！""请你放尊重一点，不然我报警了！""有流氓！抓流氓！"……或者直接拨打报警电话。

2. 在与他人的接触中，如果判断出了是不好的接触，尽快冷静下来，然后想办法机智地离开。

3. 不要激怒侵害者，这样会给自己带来生命危险。如果力量无法与侵害者抗衡，也没有机会逃离，在万般无奈的情况下先顺从罪犯，保护好自己的生命。

4. 如果被性侵害，要做三件事情：立即告诉爸爸妈妈、报警、到医院检查身体情况。

5. 如果自己受到惊吓，一时间产生焦虑、恐惧等情绪，甚至出现严重的退缩回避行为，要积极寻求心理咨询专家或者心理医生的帮助，减轻心理压力，避免造成心理创伤。

(七) 建起保护网，警惕对孩子造成二次伤害

在性侵事件中，性侵者对孩子造成了第一次伤害，如果父母对孩子被性侵事件抱有错误的态度，会对孩子构成二次伤害。这种伤害也许比第一次更严重。为

此，父母应该转变观念，建起保护网，保护受伤害的孩子。

1. 被性侵不是孩子的错。

性侵事件发生后，父母往往会感到伤心、愤怒、恐惧、不知所措等，甚至会把这种不良情绪迁移到孩子身上，会说是因为孩子有问题才导致性侵害事件的发生，以至于责问"你为什么要吃他给的糖""你为什么不跟小朋友一起回家""你为什么不跑"等。父母要切记：被性侵不是孩子的错，家长不要批评和指责孩子，而要给予安慰和疏导，鼓励孩子勇敢面对。如果一定要追究责任，父母也是主要责任人。

2. 孩子是性侵事件中受伤害最重的人。

性侵事件一旦发生，父母往往会想到面子、想到孩子的纯洁被玷污、想到孩子成年后的婚姻怎么办……而忽视了眼前孩子的痛苦。出了问题父母要做的第一件事，应当是安抚孩子，让孩子对此问题有正确的认知，有必要的话还应给孩子找心理治疗机构进行心理康复。这样的工作做得越好，父母所担心的事情才会越少发生。

3. 不要让孩子反复陈述受伤害的经过。

当父母把孩子受伤害的事件诉诸法律后，有些媒体会提出采访的要求。此时，父母应当做的唯一正确的事情是拒绝，因为让孩子重复述说事情的经过，会对孩子构成二次伤害。甚至有些媒体为了吸引眼球不顾及孩子的感受，会提出一些伤害孩子的问题，让孩子受到更多的伤害。

四、结语

每一个孩子都是父母的掌上明珠，都是家庭最珍贵的宝贝。我们相信，父母为了孩子的健康成长付出了大量的心血。建起防性侵的保护屏障，是我们义不容辞的责任。让我们共同努力，为孩子的健康成长撑起一片蔚蓝晴空。

第二节　"教养方式"课程课例举隅

主题一

认识教养方式的类型（必修）

【课例简介】

本课例通过案例及四种教养方式的分析，引导家长反观自己的教养方式，认识权威型教养方式对长期培养目标的作用，引导家长和谐而坚定地教养孩子。

【教学目标】

1. 帮助家长了解不恰当的教养方式会给孩子的成长带来负面影响。

2. 帮助家长如何平衡"接纳"和"要求"两个维度，形成权威型教养方式。

【授课对象】

一年级学生家长。

【教学过程】

一、案例引入

小 A 上一年级以后，爸爸认为，培养良好习惯非常重要，包括专注的学习习惯、及时摆放好房间的物品等，如果小 A 做得不够好，爸爸就会批评他，一看见他学习不专注就会打他，也不管当时有什么人在。后来，妈妈发现，小 A 有了啃指甲的习惯，于是带小 A 到医院心理科检查。医生明确告知家长，没有发现小 A 存在心理问题，请家长看看孩子是否存在比较紧张的情况，紧张和压力会导致他出现啃手指的行为。

二、四种家庭教养方式

(一) 专制型

家长会给孩子提出很多要求，但不会告诉孩子要去遵循这些要求的理由。他们也不会去了解孩子的情绪和对事物的看法，只希望孩子无条件服从自己。这样的教养方式会引起孩子强烈的反抗，假如迫于家长的专制，孩子在小事上没有反抗的话，那么在大事上，他一定会进行激烈的反抗。如果家长不尝试去了解孩子，孩子自然也会闭口不谈，那么，家长与孩子的距离也会越来越远。

(二) 放纵型

孩子在家里就是一个"小皇帝"，他想干什么就干什么，没有太多的束缚。家长对孩子没有各种各样的要求，也会把孩子的需求放在家庭其他成员的前面，家长认为孩子只要现在快乐就行，眼前的快乐大于长远的发展。在这样的家庭环境中，优势是孩子比较有自尊、有创意；但不足是孩子容易以自我为中心，很难跟同伴友好相处。

(三) 民主型

家长既对孩子有要求，又能接纳孩子。这也是我们倡导的，做一个温柔但有边界的民主型的父母，在孩子的成长过程中，会随时调整对孩子的爱与控制，给予孩子可接受的自主发展空间。家长就像是孩子的导游，告诉他什么可以碰，什么不能碰；哪些路线可以走，并给出合理的建议。家长不会要求孩子一定要按照自己的想法来办事，但会给出建议。

(四) 忽视型

家长既不会对孩子提出什么要求，也不会去了解孩子的想法和需要；对于孩子的成长，物质上的给予会远远超过精神情感上的给予；家庭没有沟通的环境，彼此很少交换想法和感受，也不会沟通彼此的工作、学习和生活；在孩子的重要成长阶段总是缺席。出现这样的情况，可能是因为家长的工作繁忙或者是家长之间的感情不和等。在这种教养方式下长大的孩子，会不自信，不会把自己的需求放在第一位，很难表达出自己的情绪，很难和别人建立亲密关系，缺乏安全感。

三、民主教养方式的两个维度：要求与接纳

（一）要求

家长要给孩子制订合理的规则，并且告诉他们，为什么要这么做，遵循的理由是什么。

原则1：咬住底线，放大空间

有些事情，家长要明确告诉孩子是不能做的，这是家长给孩子设置的底线。但在这之上还有很大的空间，可以让孩子自主安排，满足他们发展自己独立性的需要，也要让孩子学会安排自己的时间和生活，学会为自己的事情负责。当家长把孩子的事都揽过去之后，孩子就不会觉得这是自己的事情了，也就不会那么上心去完成，这与家长帮助孩子的初衷背道而驰。

原则2：多用规则，少用权利

当家长想让孩子做或不做什么事情时，有些家长会说："我是你爸，你要听我的。"这句话压迫感很强，但也透着浓浓的无力感：我没有其他办法可以让你听我的了，我只能用这个来压你。但这句话反而会激起孩子的反抗，冲突就此产生。家长可以尝试和孩子一起商量，共同制订孩子可以达成的规则，而不是一个严苛的、可能达不成的规则。否则，会让孩子受挫，也会让这份规则成为摆设。因此，这份规则应该是孩子自己答应做到的，而不是家长威逼利诱的。家长还可以给这份规则制订一些奖惩机制。减少物质奖励，增加精神奖励，最好是跟孩子约定，达成了某些规则后可以一起开展活动，创造亲子间的美好回忆。要注意，不能过度惩罚，否则孩子可能会养成撒谎等不良习惯。

（二）接纳

原则1：接纳孩子的情绪和想法

家长要像允许自己有负面情绪一样，也允许孩子有负面情绪，并引导他们用

健康的方式宣泄出来，如哭、在床上摔枕头、写日记、找人倾诉等。

孩子与家长成长的时代背景不同，他们的一些行为、观点和想法与家长不同很正常，家长要允许他们表达自己的观点和想法。假如家长否定且不允许他们表达，他们只会更加闭口不谈，拉远与父母的距离，家长更是错失了对孩子教育的机会。孩子的认知水平不高，思考方式片面，人生经验少，因此，家长在听到孩子的不同观点时，可以提供更多的信息给孩子，让他们自行选择，但并非强加给孩子、让孩子一定要接受自己的观点。

原则2：多帮少管，提供资源

在孩子需要家长的时候，家长应尽所能地给孩子提供帮助；不需要家长的时候，家长就站在一边，默默观察。

四、成为更好的父母

(一) 明确培养目标

培养孩子具备自制能力，拥有独立性，有爱心、有责任感，以这个目标来衡量教养取向和教养行为。家庭教养没有一套完全固定的方式，但是朝着这个目标，能确保过程不偏航。同时，教养方式需要有一定的稳定性，不可预测的教养变化会对孩子造成伤害。

(二) 练习教养行为

稳定的教养行为可以通过家长的态度、语言和行为传递出来。首先，家长需要具备调控情绪的能力。

在《关键对话：如何高效能沟通》这本书中，作者指出，大脑有两条通路，一条负责氛围，一条负责内容。当对话氛围让人感到不安全时，我们就会开启"战或逃"的模式。在这个状态下，我们会过分关注对方的说话内容，而关注不到对话氛围。家长需要在这种情况下觉察到自己的情绪变化、觉察到对话氛围已经不对了，谈话不适合再继续下去了。作为一个更加成熟的大人，家长要采取一些措施让自己冷静下来，如先离开对话现场或对孩子道歉等，重新调节对话氛围，再与孩子进行沟通、交流。

自我同情是允许自己有消极情绪，并接纳它，而不是排斥自己的负面情绪。

我们产生了负面情绪，这是真实的反应。这种情绪就好像急需被看见的小孩一样，当你允许有这种情绪的产生，并且看着它、关注它时，过了一段时间，它就会逐渐消散。但假如你忽略它、排斥它，反而会壮大它的力量，并爆发出来，给自己或周围的人带来伤害。告诉自己"我真不容易，又生气了"，而不是"我真糟糕，我又生气了"。家长要接纳自己是个不完美的、有各种各样缺点的人，但依旧爱孩子，也爱自己。

（三）一致性表达

所表达出来的与内心真实的想法、感受一致。如有一个注意力仅有正常人的50%的孩子，家长每天坚持辅导，他的数学分数竟从之前的30分提高到60分。家长在辅导时偶尔会把自己对孩子的愤怒变为语言，如"你怎么都不入脑"，但马上会意识到自己伤害到孩子，转换为"像刚才那样就很好呀"。虽然家长已经很注意不从语言上伤害孩子，但是内心对孩子的高期待、对孩子的失望、对自己投入而没有回报的失望还隐藏在内心，家长的这些状态孩子是完全能感受到的。当家长的表达与内心的想法不一致时，孩子感受到的不是父母的担心，而是愤怒。家长有很多种负面情绪，如恐惧、担心、难过、厌恶等。但当家长表达出来的情绪与内心真实的情绪不一致时，就会与孩子产生误会。家长会觉得孩子不理解自己，而感到难过、失望。当家长能够进行一致性的表达时，孩子才能更理解父母、走近父母。

五、案例回顾与小结

教养孩子原本就是一门非常大的学问。家长不仅要懂孩子、懂得如何正确地教育孩子，更要懂得如何管理好自己的情绪，给孩子一个安全的环境。案例中小A的爸爸从小家庭比较困难，通过努力学习改变命运，是一名网络工程师，他内心对自己的成长路径有强烈的认同，因此会以同样的标准要求孩子。家长对孩子的高期待没有错，但是对孩子接纳程度很低，完全以自己的标准来衡量发展中的孩子，同时自我情绪管理也存在一定不足，面对孩子的不足，无法控制自己的情绪，甚至会以暴力的方式伤害完全没有抵抗能力的孩子，这种教养方式一定是存在问题的。一年级孩子的自我约束和管理能力还比较弱，无法把自己的行为和结果进行有效联系，家长的暴力行为在他这里完全是不可预测的。在这样的环境下，内心紧张、压力骤增等情况频繁出现，于是孩子会通过啃手指的行为来减缓焦虑。要想改善这种情况，家长需要先了解教养方式对孩子成长的影响，及时调整自己与孩子的相处方式，给予孩子一个正常的成长环境，让孩子感觉到安全和温暖，慢慢淡化过往的伤害。家长也需要明白，教养方式是动态发展的，避免停留在自责的情绪中。

主题二

如何建立温暖的亲子关系（必修）

【课例简介】

温暖关系是孩子成长的预测器。本课帮助家长了解孩子对关系的期待与需要，帮助家长掌握在行为和语言上给予孩子温暖关系的方法。

【授课对象】

二年级学生家长。

【教学过程】

一、案例引入

二年级的东东是一个十分聪明、活泼的孩子，但他的父母却因工作忙碌经常忽略对他的关注和陪伴。东东有时会在课堂上睡觉，这显然是晚上睡眠不足的结果。同时，他的学习成绩也逐渐下滑。教师发现此种情况并通知了东东的家长，东东家长决定调整自己的工作时间表，将更多的时间花在与孩子共度时光和帮助他建立良好的学习习惯上。这是一个非常好的开始，但这并不意味着温暖的亲子关系就已经建立了。接下来，让我们了解如何建立温暖的亲子关系。

二、给父母支招

(一) 提供感性的支持

家长对孩子的爱是孩子心理健康的保障。为了建立温暖的亲子关系，家长需要用言语和行动来实现这种爱。孩子都需要温暖、接纳和支持来满足生理和心理的需要。家长通过倾听、安抚、理解和关爱孩子，可以增强亲子关系中的亲密性和稳固性。在这个例子中，父母通过陪伴和关注，为孩子提供了感情上的支持，帮助孩子重新建立了信心。

（二）提供积极的指导和建议

家长不仅是孩子的朋友和支持者，更是他们的导师和指导者。家长需要为孩子指引正确的方向，让孩子形成良好的思维方式和积极的生活方式。对于东东，父母可以通过定期陪伴孩子做作业、督促他遵循规定的睡眠时间，帮助他建立良好的生活习惯和学习习惯。

（三）提供合适的规则和约束

在一个温暖的亲子关系中，家长需要根据孩子的年龄、性格和需求，制订合适的规则来保护孩子的安全和健康发展。东东年纪虽小，但也需要家长明确的指导和限制，如认真讲解饮食健康的重要性，告诉他应该如何选择零食和饮料，以保持身体健康。这些规则和约束不会让孩子觉得被约束，而是会使他更安全、更自信。

三、场景应用

在面对孩子的不如意和挫败时，家长需要运用正面管教的方法，以温暖和爱的方式帮助孩子认识到自己的价值，并增强自信心。

（一）表达支持和关注

当孩子参加比赛失败后，家长要及时与孩子沟通，表达对他的关注和支持，告诉他自己的感受。如"我知道你对这个比赛很重视，但结果并不是最重要的。我关心你能不能发挥出你的最好表现。""我会支持你的决定，但我也会为你感到遗憾。"这些话可以让孩子感受到家长的关心和支持，让他们认识到比赛只是生活的一部分，帮助他们更积极地面对挑战。

（二）认可孩子的努力

无论孩子的比赛结果如何，家长都应该认可孩子的努力和投入。例如，对于在跳绳比赛中失利的孩子，家长可以这样说："虽然你没有赢得比赛，但我知道你一直非常努力，为此付出了很多时间和精力，我为你感到自豪。"这些话可以让孩子感受到自己的付出一定会被家长看到。

（三）回忆成功的事情

在孩子受挫的时候，家长可以帮助他们回忆成功的事情。如对于因书法比赛失利而感到失落的孩子，家长可以说："虽然在这次比赛中没有获奖，但你曾经在老师的指导下完成了一件优秀的作品，你去参加比赛是因为你想挑战自己。请记住你所取得的成功，和你为取得这些成功所采取的行动和付出的努力。"

（四）提供意见和建议

家长还可以为孩子提供意见和建议，帮助他们增强自信和提升技能水平。对于参加比赛失败的孩子，家长可以指出他在比赛中存在的问题，并提供一些建议帮助他提升技能水平。同时，家长还需要鼓励孩子继续努力，让他意识到"失败乃成功之母"。

通过以上方法和对话，孩子能感受到家长的温暖和爱。家长的支持和关注能让孩子更加自信，鼓励他继续努力取得更好的成绩。更重要的是，家长的正面管教能为孩子创造一个健康和积极的成长环境。

四、结语

在建立温暖的亲子关系方面，家长需要充分认识到自己的责任和权利，同时，要尊重孩子的思维和需求。对于东东，家长需要更多地关注他的需求，与他建立积极、开放、互相尊重的沟通模式，以便更好地了解他，把他的需求和思想反映在家庭教育中。无论是通过提供感性的支持、积极的指导和建议，还是合适的规则和约束，家长都应该通过自己的行动来打造一个温暖、和谐、有爱的亲子关系。

主题三

如何让孩子获得独立感（必修）

【课例简介】

　　六、七年级是孩子成长阶段的一个转折期。本课将帮助家长了解青春期孩子的特点与六、七年级学生的需求，指导家长调整教养方式，适应孩子成长需求，培养孩子的独立能力。

【教学目标】

　　1.通过了解孩子面临的挑战，明晰教养方式也需要做出相应调整。

　　2.通过练习了解调整的方式，有步骤地从心态、语言与行为上进行相应调整。

【授课对象】

　　六、七年级学生家长。

【教学过程】

一、案例引入

　　小东妈妈周日晚上10点给家庭教育指导师打电话求助：为什么孩子上了初中以后好像变了一个人？明明单词都还不会背，但却磨磨蹭蹭；听写不出来，让他去复习，他就直接把自己关在房间里。

二、理解独立意识与成人感

12岁以前，家长跟孩子的关系是紧密地联系在一起的。12岁以前的孩子自我意识不强。在自我意识中，有一个非常重要的概念叫自我评价。我是谁？什么事情是我应该做的？关于这些问题的答案，一个年龄低于12岁的孩子并不知道，他需要去询问家长。父母和老师对一个人的影响是非常大的。也就是说，父母给了他一个什么样的世界，他就接纳了一个什么样的世界。接纳了这个世界，就成为这个世界中怎样的人。在这样的关系中，孩子完全依赖大人，并且没有评价能力。成年人对孩子的评价，就成为孩子对自己的评价。所以，在孩子12岁以前，家长一定不要给孩子贴标签，尤其不要贴负面标签。

12岁以后，大概从六年级开始是孩子人生的第一个转折点。六年级以前，他像个话痨，什么都和家长讲，但六年级以后就不讲了，所有心事都自己藏起来了。家长会觉得孩子搭话很少，会很不习惯。这是独立性得到发展，从依赖慢慢走向独立的表现。成人感也同时出现了，孩子认为自己是大人了，希望跟大人平起平坐了。以前家长可以说他，现在只要一说他，他就顶回来，因为他觉得：我也是大人了，你要尊重我。如果你仍然采用命令的语气跟我讲话，那就是不尊重我，我就要顶回去。

同样是孩子晚上看电视，家长12岁以前，家长说："不要看了，睡觉去。"孩子说"哦"，就乖乖去睡觉。家长12岁以后，家长说："不要看了，做作业去。"他说"不看就不看"，将门一关跑到房间里。家长纳闷了，今天这是什么态度？一定要问明白："怎么，我说错了？"孩子说："我说过你说错了吗？"家长又问："既然没有说错，你什么态度？"孩子说："问我什么态度，先想想你是什么态度。"家长想的是："我以前也这样说话的，你都很听话，怎么现在就不听话了呢？"孩子想的是："你说'不要看了'就是在命令我，说明你又想控制我了。你是成年人，我也是成年人了。我们是两个独立的人，是平等的。"12岁以后，孩子非常在意家长对自己的身份认定，对于家长讲的话，孩子关注的不是你讲得对不对，而是你讲话的态度。如果家长换一种说法："儿子，今天晚上你作业多吗？你看看大概需要安排多长时间可以完成呢？"可能会收到不一样的效果。这样的对话没有命令，家长创造了一个场景，让孩子自己做决定，孩子感觉得到了尊重。家长有时候会发现自己的孩子很会顶嘴。其实，顶嘴的背后表现出他的独立性发展，他在心理上要独立了。

三、重要关系变化

这个阶段的孩子，独立性得到了发展，首先表现为心理上的分离，是为了社会化做准备的，通俗理解是要独立地去闯荡世界。孩子虽然有想法、有意愿，但还没有具备能力和勇气，因此要找他的伙伴一起去。此时，出现了重要关系的转移。在孩子12岁以前，家长和孩子是"铁三角"，父母是孩子生命中最重要的人物。给孩子一个地图，他先找家在哪里，家是他最眷恋的地方。但12岁以后，他生命中最重要的人变成了他的伙伴，家长就被边缘化了。当爸爸妈妈跟他的伙伴有冲突时，他会坚定不移地站在他的伙伴那边。

四、同一性的作用

11、12岁的孩子开始发展出抽象的认知运算能力，也就是说，他可以把"我"变成一个抽象的认知符号，去考虑"我"在别人眼中是什么样，"我"在这个世界是什么位置，"我"有什么价值。这种抽象的自我意识，让他具有了更高维度的视野。在12岁以前，孩子的客观自我与主观自我两条线是重合的；12岁以后，其客观自我和主观自我出现不同的轨迹。在口头和想象上，孩子对自己有很高期望，但行动却无法跟上。同时，青春期又是完成中考和高考的阶段，因此，家长需要帮助孩子尽快完成同一性，让客观自我与主观自我再次重合，也就是说期待与行动更加吻合与匹配。拥有自我同一性，孩子就会意识到："如果我想听课，别人找我讲话，我可以不理他。"他心里开始有一个明确的主人，那就是"自我"。他知道要想达成自己的预期目标，需要付诸相应的行动。埃里克森认为，找到这个"自我"，是青少年阶段最核心的心理任务。完成之后，一个人就可以按照自我的意志，决定这件事做还是不做，并为此承担责任。当生活中遇到困难的时候，他们首先会想："我现在要怎么做？"而不只是说："一切都很糟糕，我没有遇到一个好父母、好老师，我又能做什么呢？"

基于以上对青春期孩子的认识，对于帮助孩子健康发展，建议家长满足以下三个需求：

（一）满足自主需求

激励孩子的最好方法，就是给他们的控制感提供支持。

举例："我越来越懒得和我爸妈说话了！他们实在太唠叨了！其实我也很努力地让自己去了解他们，希望能站在他们的角度和立场来考虑问题，可总是不欢而散。其实看他们生气难过，我就很后悔自己的行为，可好像又不能控制自己似的，下一次又会去顶撞他们，然后又会后悔。如此反复，弄得我心里乱极了。"

随着孩子独立意识的发展、成人感的出现，家长需要及时调整自己的教养方式，建议由警察型父母调整为顾问型父母。面对孩子的教养问题，家长会经历这样的心路历程：看出问题、引导思考、提出建议、尊重决定。

家长可以通过练习下面三句话来巩固这种意识：

1. 这件事情你决定，有什么需要我帮助的，我也很乐意。

2. 我想了解你的想法，听听你是如何考虑的。

3. 我对你很有信心，我相信你知道自己要什么！

举例，询问孩子是否需要辅导作文，可以这样表达："今天上午姐姐发来短信，说她今晚可以过来帮你梳理1小时的作文，如果你确实挤不出时间，她就在电话里给你讲解作文优化思路。当然，还有一个选项就是你自己复习，具体你自己决定。"

（二）满足胜任需求

胜任感是一种认为自己能把事情处理好的感觉。家长要培养孩子的"胜任感"，即孩子会告诉自己"我真的努力学习过了""我相信自己这次考试成绩肯定不错"。

当孩子考得好时，家长要改变过去告诉孩子"保持谦虚，不能骄傲"的做法，跟孩子一同去庆祝和欢呼，和孩子同频共振。同时，帮助孩子构建成功景像图，强化成功体验，使其保有对考试向往的心理。如家长可以问孩子："你是怎么做到的？"唤起孩子的表达欲望，帮助其梳理成功经验。家长可以在孩子总结的基础上，结合自己的观察，客观描述："妈妈（爸爸）注意到你昨天晚上在每一项作业的后面都标注了时间。我还注意到你在复习物理时，画出了重点！""儿子，妈妈（爸爸）注意到，你物理书上的笔记比较少。物理书上的内容比较简单，如果单单靠看书来完成相关练习，还是不够的。妈妈（爸爸）还注意到，你数学每课的笔记都记得满满的，晚上写作业前也会复习数学笔记，妈妈（爸爸）感到很欣慰。物理还是要抓紧时间复习。"

（三）满足孩子的归属感

归属感是个人和他人之间一种让人感到关爱的纽带。一个孩子的成长需要很多纽带。首先是与家人间的纽带；其次是与教师同伴间的纽带；最后，还有用社会提供的一些关爱而产生的纽带。

家庭要给予孩子归属感，首先家长要明确，家是孩子成长的安全港湾，是孩子失败后疗伤的场所，是孩子拥有能量与勇气后再出发的地方。因此，家长应无条件接纳孩子，给予孩子爱与支持，日常中注意爱的方式与行为，给予符合孩子年龄需求的适度关心与温暖。

下面是一位妈妈在与孩子发生冲突之后主动化解关系的一段话：

"妈妈觉察到，前段时间，我对于你的学习干预太多了，如要求你的作业答案跟标准答案一样，以及一直追问学习时间的安排等。其实在学科学习上我并不专业也不擅长，反复追问是我自己的担心引起的，这样对你的学习产生了干扰，真的很抱歉。接下来妈妈回归到妈妈的角色，相信你能将自己的学习安排好。"

青春期孩子的重要关系由家人向同伴转变，在这个阶段，孩子是否拥有稳定的同伴群体非常重要。帮助孩子找到同伴群体的归属感，也是家长需要合理介入的一个方向。对于刚从小学升入初中的学生，家长可以创设更多的活动空间和机会，让他们互相认识和了解，从而生长出友谊的萌芽；家长也需要主动彼此走近，形成家与家的联系网络，打造一个孩子成长的支持体系。

与有独立意识的青春期孩子沟通，既要保持尊重又要给予归属感，需要通过合适的语言传递。

五、结语

通过了解青春期孩子的需求，家长需要有效调整教养方式，满足孩子的自主需求、胜任需求、归属需求，帮助孩子更好地成长。在这个过程中，家长要避免出现这两种心态：一是孩子只要努力，成绩就会突飞猛进；二是我如果放手，孩子就无法自己解决问题。在对孩子有耐心的基础上，用爱与规则帮助孩子成长。对于底线外的做法要明确表达立场，如"我不能因为爱你，就让你自己做决定，因为这个决定听起来不太靠谱"，话中不失爱意，同时也给予规矩。

主题四

如何支持孩子走向成年的担当（必修）

【课例简介】

本课立足于系统家庭动力理论，借助史铁生、梁启超、钱学森的鲜活案例，引导家长通过讲好家人故事、画好家族族谱、践行家国情怀等方式，支持孩子走向成年的担当，增强孩子的生命能量，做好家庭生命教育。

【教学目标】

1. 认知层面：帮助家长借助系统家庭动力理论，认识影响生命状态的因素。

2. 能力层面：提升家长爱的能量，能从家庭、家族、国家获得支持孩子成长的文化与资源。

3. 态度层面：激发家长主动融入的兴趣，增强在家庭开展生命教育的信心。

【授课对象】

中学生家长。

【教学过程】

一、导入

(一) 王琪歌曲《万爱千恩》

听到关于亲情的歌曲，我们内心总会涌动着激烈的感情，但感受有可能不一样，可能是思念、感恩、遗憾、愧疚、纠结等。

产生不同感觉的原因是什么？怎么认识这种不同？我们一起来了解系统家庭

动力理论，从中寻找可能的解答。

（二）系统家庭动力

在我们面对的各种各样的关系中，有多种最基本的需求共同存在，相互作用着。当我们的需求得到满足，在相互之间取得平衡的时候，我们的关系就会成功；否则，我们的关系就会面临障碍、受到破坏。这些需求主要是：

（1）归属的需求，和联结有关。

（2）维护付出和接受之间平衡的需求，和平衡有关。

（3）保障稳定和把握未来的需求，和秩序有关。

这种对关系的感觉，我们称之为个人良知。当我们的归属感受到威胁时，会感觉到好像被排除在外或远离大家；当我们的归属感得到满足时，大家亲密无间，就会心安理得，有安定感。当付出和收获不平衡时，我们会觉得好像受了恩惠或亏欠了别人；当其达到平衡时，就会觉到问心无愧，有了权利和自由。当我们违反秩序时，会感觉背离了正途，担心未知的后果；当我们尽心尽责地尊重秩序时，会感到问心无愧。在孩子与家长的关系中，这三种需求都会发挥作用。当然，最主要的是归属、付出与接受。

现在，我们来回应：听了歌曲产生不同感觉的原因是什么？怎么认识这种不同？正因为有良知的存在，我们听了歌会有不一样的情感反应。

（1）传承。在某些关系中，付出与接受之间的差异是不可克服的，家长和孩子之间就是如此。这种差异只能减少不能完全消除，在所有存在差异又无法达到平衡的关系中，必须通过不同的手段取得均衡和满足。家长曾经也是孩子，他们从上一代接受东西，又付出给下一代时，就取得了付出和接受的平衡。

（2）致谢。人们在必须接受那些自己无法回报的东西时，表达诚恳的感激之情，是平衡付出的一种方法。"你给我，并没有考虑我能否偿还，我带着爱接受你的礼物。"其实对于家长来说，他们可能最想表达的是："你对我的爱与赞赏，对我来说，比你能给我的其他东西更有价值。"这份珍贵的礼物就是生命。

（3）和解。有些人抱怨或拒绝接受自己的父母，这种态度可能产生于早期和父母（或者其中一个）之间的关系障碍，后来也不再接受其他的关系，不接受世间上美好的事物。但抱怨和拒绝，不会令一个人获得平衡和安定，反而会让人感受到不完整和损失，从而产生被动和空虚的感觉。

我们观察那些成功接受自己父母现状的人们，他们将体验转化成持续流动的力量和营养，让它们进入其他关系中。就算父母对自己不好，也能够正确对待。因此，如果是亲密的连接，我们就安心接受；如果是有纠缠，我们通过觉察后，是可以做出调整和改变的。

家长的身份既是父母，同时也是儿女，在与上一辈的关系中，达成联结、和解，去做爱的延续者，让爱流动起来，把爱的能量传递下去，让孩子的生命更加蓬勃。

二、讲家人故事，让生命得以滋养

史铁生是一位非常受敬重的作家，1951年生于北京。他不仅在学习方面成绩优秀，在田径运动方面也很有天赋。在初中的运动会上他就拿下了80米跨栏冠军，因此被同学称为"小飞人"。1969年，在陕北延安农村插队的史铁生患上了腰椎病，回京治疗两个月之后，返回延安。两年后他在拦牛时遇上大雨，大雨引起高烧，腰椎病也发作，导致病情加重。1971年9月，在母亲的协调下他回京治疗。1972年1月5日，他住进北京友谊医院。入院那天，他正常行走已经变得十分困难。他在友谊医院做了一年半治疗，治疗结束之时即是他的轮椅生涯开始之日。其间，他意识到健康不复，曾有自杀的念头。

为了给史铁生治病，母亲在20世纪70年代就已经欠下了几千元的债务。母亲想尽了办法让史铁生重燃对生的希望，各处求人，帮助史铁生到街道生产组当临时工，即使大雪、大雨也推着史铁生去看电影。得知史铁生在写小说后，母亲为他跑遍各大图书馆借书。1977年，史铁生的母亲因肝病去世，年仅49岁。

史铁生说："有一次与一个作家朋友聊天，我问他最初写作的动机是什么？他想了想对我说：'为了母亲，为了让她骄傲。'我心里一惊，良久无语。他那种最初的想法，我当初写作的时候也有过。虽然我不如他的愿望那般单纯，但这样的愿望我也有过呀，而且这样的愿望在我全部动机中占的比重很大。"

在长期守候中，史铁生对母亲的感情，虽然他当时没有意识到，但是在母亲去世后，每一个细节都变成慢镜头，无数遍地回放，有歉疚感，有温暖，点点滴滴成了他最美好的回忆，也成了他取之不竭的力量源泉。母亲可能完全没有想到，这种精神陪伴对史铁生的一生都发挥着作用。在他的多部作品中，都让我们感受到了"生命以痛吻我，而我报之以歌"的心灵力量。

各位家长，您会如何叙述您和父母的故事？在这些故事中，您获得了什么？您的孩子又将如何写您和他的故事？这些故事中，有爱的连接与确认吗？

三、绘家族图谱，让生命扎根大地

前面介绍了个人良知，那是我们能感觉到的，还有我们感觉不到却发挥作用的，被称为系统良知。所有持久的关系，都会发展出一些规范、规则、信念和禁忌，这些法则和框架的存在，使关系成为关系系统。

出于生存的需求，我们都会和族群紧紧地联系在一起。体现在我国传统文化中，就如家规、家训，对人的引导和约束。在一个家庭或者家族里面，成员长期按照家训、家规、家教发语行事，那么，久而久之，这个家庭或者家族就会形成一种独具特色的"家风"、精神内核或价值取向。

千百年来，中华文化典籍中留下不可计数的家规、家教、家书、家风的记载，成为中华优秀传统文化的一部分。

（一）梁启超家风故事

这里跟大家分享任公家族的故事，看看有什么样的家风，有什么样的精神内核。

1. 梁维清，梁启超的祖父。6岁以前，梁启超经常跟祖父生活在一起，祖父是第一个对梁启超产生深远影响的人。祖父陪他玩耍，陪他探索田野里的小世界，给他讲小故事，祖父最喜欢讲古代豪杰壮士、忠臣义子、文人大儒的故事。

12岁时，梁启超第二次到广州应试，考中秀才。这次考试的主考官是广东学政叶大焯，相当于现在的教育厅厅长。他把几个年龄很小的秀才召集起来，当面考他们学问，梁启超都很顺利地答了出来。叶大焯感到很欣慰，对梁启超的才华赞赏有加。此时，梁启超趁机跪下，说道："家有大父，今年七十矣，孤矢之期，在仲冬二十一日，窃愿得先生一言为寿，庶可永大父之日月，而慰吾仲父、吾父之孝思，且以为宗族交游光宠也。"

一个孩子竟然能说出这么成熟的话，叶大焯听了自然也是很惊讶，转而很高兴，赞叹梁启超说话稳妥，聪明又有孝心，当即应允写下一篇祝寿词。

2. 李蕙仙，梁启超的夫人。由时任广东乡试主考的堂哥李端棻做媒，许配与梁启超。婚后，李蕙仙在广东新会县茶坑村开始了新生活。李蕙仙毫无怨言，她努力学习粤语，操持家务。她勤俭持家，但从嫁妆里拿钱给丈夫买书从不手软，还接济了一大帮梁家和李家的孩子。家中人数最多时，梁家午餐就像流水席，每天十几个人吃饭，谁吃完谁先走，不够再回来继续吃。

梁启超奔波各地，语言不通，李蕙仙耐心教他官话，帮他克服语言障碍；他多次出生入死，李蕙仙总是以大义为重，给他支持。1915年，在反对袁世凯的护国战争中，梁启超独自一人南下，与蔡锷组织护国讨袁大军，李蕙仙避居天津租界。前往南方组织护国的诀别之夜，李蕙仙说："上自高堂，下逮儿女，我一身任之，君但为国死，毋反顾也。"梁启超闻言，神志为之一壮，大受鼓舞。真是深明大义、顾全大局。梁启超称她为闺中良友。

3. 梁启超家训十则。主要包括以下几个方面：

（1）莫问收获，但问耕耘。

（2）不要填鸭式教育。

（3）与子女做朋友。

（4）做家长要有趣味，养出的孩子才能有趣味。

（5）做人要有几分"孩子气"。

（6）做学问总要"猛火熬"和"慢火炖"交替循环。

（7）做官不是安身立命之所。

（8）尽责尽力，就是第一等人物。

（9）对于子女的功课绝不责备。

（10）通达、健强的人生观，是保持乐观的要诀。

（二）画家族图谱

我们生活在一个社会法则迅速变化的时代，这些社会演变增加了弹性、灵活性和个人自由，也增加了疏远、困惑，也影响了由清晰的归属感带来的良好感觉。我曾经询问了一个班的孩子，他们的家乡是哪里？大多数孩子仅能说出市名，再往下问，就说不清楚了。在城市化进程当中，离开家乡、远离亲人是很多人不得不面对的问题。有人说，这是一种连根拔起的人群。有些孩子说不出家乡在哪里，亲人的意识淡薄，这些问题的出现有现实的制约，但是如何帮助孩子做一个心中有故土的人，却是教师们应该探讨的一个话题。家长不妨在假期带着孩子开展家族寻根之旅，一起画一个家族图谱，从图谱中去回忆人和事，找到亲人与自己的位置，梳理出家族的家规、家训、家风。这份融入与归属，会让孩子的产生向上的强大动力。

四、铸家国情怀，让生命蓬勃生长

"家国情怀"一词看上去有些抽象，我们平常主要讲的是要培养孩子们的家国情怀，但是，从系统家庭动力来解读，家国情怀是一个人的生命能够更蓬勃生长的强大动力，也可以解读为是个人发展与自我实现的内在需要。我们先来了解一下整体良知。遵循整体良知，需要我们付出巨大的努力。当我们违反社会秩序时，良知会让我们感觉到背离了正途，担心未知的后果，怕遭到报应；当我们尽心尽责地尊重社会秩序时，会感到问心无愧。

在中国人的传统观念里，家是缩小的国，国是放大的家，家与国休戚与共，个人命运与国家命运息息相关。家国情怀就是家国同构，就是共同体意识。当一个人有这样强大的责任意识和家国情怀时，生命会产生无穷的能量。

我们在阅读科学家爱国情怀系列丛书时，总是能被他们的爱国情感深深震撼，他们把自己的生命与国家的发展完全融合在一起，铸就他们一生宏伟业绩的内在动力，就是一腔殷殷爱国情。

阅读科学家的故事，能够给人们带来巨大的能量。如果我们能深挖出自己家族历史中同样具有家国情怀的故事，对孩子的影响就会越来越大。

（一）和孩子一起感受家与国的关系

现在的孩子没有经历过祖辈战争年代的浴血奋战和新中国成立时的艰苦岁月，也没有见证改革开放前后翻天覆地的变化。不经历昔日艰辛，焉知今日之美满。看看一个高中生的妈妈，在中秋节是如何跟孩子聊家与国的关系的。

"我们已经习惯了美好，因习惯了就会觉得平常。儿子，你说过'我想提升人们的感受力'，是的，妈妈想，我们生逢盛世，首先是要感受盛世，这是心灵的唤醒，是幸福感的源泉。儿子，你还说过'我们要感谢祖国，但关键的是我们该怎样做'，是的，我要不负盛世，为祖国的发展贡献自己的力量。"

（二）书写新时代的家国情怀故事

有一个朋友介绍，他们家每个月都会举行一次集中学习中央文件活动。这就是家国同构的新时代表现。让孩子关心国家的发展，并且有决心参与国家建设，并不是一个自然而然的过程，需要在家庭中有氛围、有环境，需要有真实的话题。家长可以和孩子一起研读《中华人民共和国国民经济和社会发展第十四个五年规划和2035年远景目标纲要》，引导孩子把自己的发展与国家的发展联系起来，找到参与中华民族伟大复兴的方式，让"请党放心，强国有我"成为孩子的行动指南。

主题五

如何培养孩子的自信心（选修）

【教学目标】

　　通过讲解和体验分享，让家长理解培养孩子自信心的重要意义，掌握方法，在家庭教育生活中加以运用和实践。

【授课对象】

　　小学生家长。

【教学过程】

一、问题导入：游戏热身

　　首先，请大家站起来，我们来玩一个小游戏热热身。游戏名字叫"手抓逃"。请伸出您的左手，手心朝下，伸出右手食指，把两只手伸向两边和您身边的小伙伴搭成一条条友谊的小船。今天我们探讨的主题词是"自信"，等一会儿如果听到我说"自信"这个词的时候，你们的左手手掌就迅速抓，右手食指就快速逃，看看谁的反应快。抓住的是福气，逃走的是财气。我们来试试看。

二、什么是自信

　　今天我们交流的主题词是"自信"。接下来我想做一个简单的现场调查：您觉得您的孩子自信吗？如果满分是10分的话，您给孩子的自信心打几分？

　　有的家长说没有具体标准，怎么打分呢？现在请对照1~10分量表，再给孩子打一次分吧！（1分——不敢说；2分——不敢做；3分——很依赖；4分——害怕输；5分——能参与；6分——敢说话；7分——会表现；8分——不怕输；9分——爱挑战；10分——要当头）现在的分值与第一次的分值相比，有变化吗？

为什么我们对孩子有几分自信把握不住、说不清楚呢？有这样一个故事：三个孩子第一次被带去动物园，在狮子笼前，一个孩子躲在妈妈的背后，全身发抖地说："我要回家。"第二个孩子站在原地，脸色苍白地用颤抖的声音说："我一点儿都不怕。"第三个孩子目不转睛地盯着狮子，并问他的妈妈："我能不能要一根棍子？"请问，这三个孩子面对草原之王狮子的时候，有几分自信？

事实上，这三个孩子都已经感受到自己所处的劣势，内心是恐惧的，只是表现形式不同而已。我们看待孩子的自信心，常常也只是看到孩子外在的表现形式，常常觉得孩子有时候自信、有时候不自信，在熟悉的环境中放得开，到了陌生的地方就很不自信。

到底什么是自信呢？早在2000多年前，大思想家、教育家孔子对他的弟子司马牛说过这样的话："知者不惑，仁者不忧，勇者不惧。"当时司马牛问夫子："怎样才能做一个君子呢？"孔子回答说："拥有渊博的人生智慧，一颗博爱仁慈的心，一种不怕困难的勇气，你就可以做一个坦坦荡荡的君子了。"

面对困难，敢于尝试，就战胜了恐惧。困难，往往不会出现在我们熟悉的舒适圈内，而存在于未知的领域。自信，就有勇气迎接未知的挑战。

三、小学是培养自信的关键期

著名的心理学家鲁道夫·德雷克斯说："一个行为不当的孩子，是一个丧失信心的孩子。"当担忧、恐惧多于对未来生活的憧憬时，孩子便开始畏缩不前、什么也不敢做，又好像做什么都做不好，然后就开始搞破坏，各种不好的行为习惯就形成了。

养成良好的行为习惯是孩子在小学阶段的重要任务，同时，小学阶段也是培养自信的关键期。美国心理学家埃里克森将人生分为八个阶段，其中第四个阶段是6~12岁的儿童中期，这一时期的任务是培养勤奋的品质，避免自卑。这一阶段正好是孩子的小学生涯阶段，您会发现，小学生最关心：学习成绩和找到自己的社会位置。他们的很多行为都在表明：我要努力做让父母和老师满意的事情，我要得到老师和父母的认可，让他们知道我到底有多棒。大家是否注意到，有时候，您在家提醒孩子把课文多读几遍，孩子立马回应说："我们老师说了读两遍，为什么我要读三遍？"这个时候，您跟孩子说："也不知道你在学校学习认不认真，我打电话跟你们老师聊聊吧。"孩子也许会说："不要打，您不放心，我读到背下来行了吧？"

12岁以前的孩子，最不愿意得罪的人是父母和老师。如果教师和家长鼓励孩子，肯定他和其他孩子一样有能力，孩子将会备受激励而变得有活力，心理上会有熟练感、成就感。孩子如果没有得到充分的认可，就很容易陷入失败、自卑、退缩之中，进而变得不信任自己，做事很被动，对什么都不感兴趣，变得吹毛求疵或经常拖延等。

四、如何培养自信心

没有自信的孩子，是没有得到充分发展的孩子。家长要抓住关键时期，科学有效地培养孩子的自信心。

平常生活中，当孩子做某件事没有自信时，我们对孩子说得最多的一句话是什么？效果怎么样呢？怎样才能真正培养孩子的自信心呢？家长们不妨从以下几个方面做些尝试：

（一）发现孩子的优点，不断地放大

通常孩子都有85%的优点和15%的缺点。您认为您的孩子的优点和缺点各占怎样的比例呢？

大部分时候，我们心里孩子的优点占比都少于85%，而且大多数人更关注的是孩子的缺点。那么，请您试想一下，总是盯着那15%的缺点，缺点不断被放大。这个时候，您的感觉不太好，孩子被您盯着更糟糕，他哪里还有什么自信可言？个体心理学家阿德勒·阿尔弗雷德说，人只有在感觉自己有价值的时候，才可以获得勇气。

比如，孩子试着洗碗，洗四个打碎了三个，您说："你是来抄家的吧？不要你洗了，手脚怎么这么笨？看看人家小明多能干！"有一个爸爸很有趣，他说："总算还剩一个，这个'珍贵的金碗'留给你用了，你肯定能用好它，对吧？下回洗碗，需要贴身指导跟我说哦。"

事实上，不是孩子没有优点，而是我们没有发现。再比如，孩子考试得了18分，要把试卷拿给父母签名。一般情况下，您会不会不舒服？有个爸爸看过以后，跟妈妈说："有时候想想是不是该去做个亲子鉴定？是不是生他的时候在医院抱错了？"沮丧之下，家长跟孩子说话自然就不太好听："你的脑子怎么这么不开窍呢？"

可是，这个孩子真的没有优点吗？换个角度想想，考试没考好的孩子，给父母看分数也需要很大的勇气。孩子一定也经历了"不想带回家啊！""是吧，扔了算啦。""但是万一露馅了呢？""怎么办啊？"这个过程。这样心理斗争了几百个回合，然后才下定决心给父母看的。我认为，孩子的这种勇气就值得肯定。爸爸可以换句话说："虽然分数不高，但你却能好好地把卷子拿来给爸爸看，所以即使你考得不好，爸爸也很高兴。考试是看你学过的东西会了没有，所以错了的地方要用心订正，下次遇到相同的题目不要再错就行了。"孩子听了一定会充满干劲、充满信心。

（二）发现兴趣点，并不断地鼓励

"兴趣是最好的老师。"这是因为孩子的兴趣点中隐藏着对未知的好奇和成功的可能性。一次次成功的体验，叠加成探寻未知的勇气。

说到这里，请大家注意：是鼓励，不是表扬。著名心理学家鲁道夫·德雷克斯说："孩子需要鼓励，就像植物需要水。"而外在的表扬，却另有一番作用。

家长讨论：什么是鼓励？

（参考：鼓励是给孩子提供机会，培养"我有能力，我能贡献，我能影响我周围的人，我知道我该怎么回应"的感召力。鼓励，是教给孩子在日常生活和人际关系中必需的技能和培养其社会责任感。）

为了切身体验"表扬"和"鼓励"的不同，我们来进行一个体验活动。

1. 邀请两个志愿者扮演孩子，一个志愿者扮演他们的家长。

2. 请家长将鼓励和表扬的话语分别说给孩子听。

3. 询问被表扬的孩子："当家长对你这样说话时，你内心真实的感受是什么？

有没有感觉到很累？接下来你会怎么表现？"

4.询问被鼓励的孩子："当家长对你这样说的时候，你内心真实的感受是什么？有没有感觉到父母的爱？有没有备受鼓励？接下来你会怎么做？"

5.询问两个孩子：如果可能的话，你们愿意交换刚刚听到的话吗？为什么？谢谢两个孩子的扮演者，请回位。

6.询问在场家长：有多少人比较喜欢被表扬？有多少人更喜欢被鼓励？想一想，某一天孩子真的遭遇挫折、失败的时候，您还会表扬吗？还能怎么表扬？而恰恰这个时候他们最需要鼓励，刚才鼓励的话语中，哪些话令您印象深刻？

7.询问在场家长：大家可能会说，"我就喜欢表扬孩子，习惯了，没办法"。但是，您想过没有，过分表扬会导致哪些后果呢？是的，太多的表扬会把孩子束缚在一种不健康的关系中，孩子努力地活成父母期待的样子，这样反倒会阻碍他们学会独立思考、辩证地看待问题，久而久之，形成"寻求认可上瘾症"的取悦型人格。

所以，请大家齐读："表扬就像糖果，偶尔吃吃能让人愉悦；鼓励却是自己和家人每天的必需品。"

五、结语

总之，拥有自信能够发挥人最大的潜能。培养自信，不是一两次或一朝一夕的事，而是一项终身的任务和系统工程。它需要我们拥有发现孩子优点的眼睛和一颗鼓励孩子的心。教养孩子是一门学问，需要家长们加强学习，多给自己和家人一些积极的心理暗示，因为我们每个人"不是优秀了才强大，而是强大了才优秀"。

主题六

如何将孩子的错误变成教育的契机（选修）

【课例简介】

本课通过帮助家长了解孩子错误行为发生的原因和发生后的心理需求，帮助家长结合相应的教育契机，教会孩子正确面对错误，在错误中学习，获得成长支持。

【教学目标】

1. 让家长认识并接受孩子是通过观察父母的行为来习得品格和社会技能的。
2. 帮助家长认识到孩子错误背后的目的，以及恰当的回应方式。

【授课对象】

小学生家长。

【教学过程】

你们的孩子，经常犯错误吗？如果按年龄段划分，他们都会犯什么错误呢？

如果我们能够充分地理解孩子，了解他们生长发育的特点，就会发现，有些错误是完全可以原谅的。那些因为孩子的生理发育不完全而出现的问题，不能算是"错误"。比如，一岁半左右的孩子吃手、啃东西，那是因为他们在用嘴巴探索世界，这不算是错误；两岁左右的宝宝会打人、扔东西，那是因为他们的小胳膊肌肉正在发育，他们的大脑不能很好地控制小肌肉群的运动，也不能很好地掌握与人互动的力度，有的时候他们是在做实验——我能把这个玩具扔多远？我扔了这个东西后，我的爸爸或者妈妈会有什么反应？这些都不算错误。

幼儿园的孩子，不愿意上学；小学的孩子，做作业不认真，甚至骂人、说脏话，父母会开始觉得头疼了。有些父母可能会根据孩子犯的错误采取一定的惩罚措施，希望孩子能够吸取教训、改变行为。

一定程度的惩罚可以在当下阻止孩子的错误行为。但是，惩罚会带来什么消极后果呢？惩罚会让孩子反叛、报复、退缩。这些其实都不是我们想要的结果。所以我们能看到，很多时候，惩罚并不是最好的解决办法。那么，为什么我们还是会不由自主地采取这种方式呢？一是因为我们是在这种方式下被教养长大的；二是因为这种方式有立竿见影的效果。但是我们刚才也讨论了，不恰当的惩罚会带来长期的、负面的后果。

在孩子犯错误之后，家长在采取措施前，能不能想一想孩子为什么会犯错？

导致孩子犯错误的原因有很多，也许是孩子目光短浅，也许是来自同伴的压力，也许是判断力不足，也许是认知有限……但是，我们真的知道孩子为什么会犯错吗？如果我们认定自己真的了解孩子行为背后的动机，并且做出了负面评判，就会在心里产生一种消极情绪。我们有时候会通过明显的方式或是微妙的方式向孩子传递一种信息，让他们感到自己缺乏能力、不被需要，或者是无足轻重的。我们可能会拿孩子开玩笑，甚至讥笑他们，把他们和小伙伴做比较，在他人面前贬低他们……

请家长仔细想想，有说过以下类似的话吗？

① 你总是违反我制订的规矩，因为你不爱这个家。

② 你不努力学习，因为你完全不在乎自己的前途。

③ 你说谎是因为你不在乎别人的感受，只顾自己。

④ 你总是考虑不周、丢三落四。

⑤ 你的感觉很愚蠢。

⑥ 你太粗鲁了。

⑦ 你应该为自己感到羞愧。

⑧ 我不相信你，也无法相信你。

⑨ 你是存心伤害我的感情。

⑩ 你真可恶。

⑪ 你故意编造了一切，你在撒谎。

如果知道为什么孩子会做出这些看起来完全错误的事情，了解孩子犯错误背后的动机，我们就有力量去做出改变，言传身教地去影响孩子，让他们成为我们希望的那种人。不幸的是，面对孩子的负面行为，我们往往没有耐心弄清楚"为什么"，而是直接去对付"发生了什么"。然而现实情况是，我们自以为知道了孩子某种行为的原因，因而认定他们的动机就是坏的。将这样的评判强加给孩子，会使他们产生无助的感觉。孩子在无法申辩的情况下，已经遭受了判决。

面对父母这样的态度，孩子会有什么反应呢？第一种，如果孩子将无助的感觉隐藏在心里，他们很可能会躲进"壳"里，将"我很坏"的感觉也埋在心里，进行自我攻击。这样的孩子性格内向、胆小，不喜欢表现自己，也不愿意跟人交往。第二种，如果他们将这种无助感外化，就会迁怒于他人，以牙还牙，欺负他人。有些孩子之所以会欺负人，是由于他心里有痛楚。将欺负升级为暴力，是因为施暴者心里埋藏着很深的羞辱感，唯有将痛楚转嫁给他人才能获得解脱。换句话说，成年人的行为源于幼年时的遭遇，源于长幼互动关系，尤其是12岁之前的家庭关系。如果一个孩子在犯错误时能够得到理解，如果他的感受能够得到维护，他自然就不会攻击自己，或者羞辱他人。

只有我们不把孩子的错误看成是故意的，才会真正关注重点，进而发现这些错误背后的动机。其实，犯错就是最好的学习机会。即使孩子是故意犯错，在这个错误背后也有正面的动机——他希望父母或者重要的人能够关注自己。所以，面对孩子的错误，我们只要相信，每一个错误背后都存在着正面动机，就能够从孩子的错误而引起的焦虑、挫败、愤怒甚至是自责、内疚中走出来，寻找解决的办法。很多时候，这些动机不会自动呈现，家长应该学习从错误中发掘孩子初始的动机。这样，不仅会使作为父母的我们受到鼓励，也会让孩子相信父母天性中的美好。如果我们仅仅关注糟糕的结果而忽略善良的动机，孩子就会失去尝试的热情。

孩子的错误是有动机、有目的的。那么，孩子的错误背后都有哪些动机和目的？我们先来进行一个角色扮演的活动："打球发生的冲突"。

请5名志愿者上台进行表演。志愿者可以按照台词读，也可以适当发挥。

每一组表演完，询问家长和孩子的扮演者的想法、感受和可能采取的行动。

教师展示4种错误目的，让家长学会根据自己的感受去判断孩子的错误目的到底属于哪一种。有可能的话，教师给每位家长发一张"错误目的表"进行4人小组的学习和讨论。

教师带领大家阅读孩子的错误和错误背后可能的目的、家长可能的行为及解决的方案。请刚才的5名志愿者再回到台上，商量如果用这张表中给出的方案重新解决刚才的冲突，能怎么办呢？给3分钟让他们商量之后的表演，也请台下的观众讨论。

接下来，教师带领大家梳理孩子的4种错误目的：

（1）第一种：寻求过度关注

举例说明：当你在接一个重要的电话，或者需要一段时间来完成工作的时候，孩子总是来打扰你，或者需要你帮他完成一些他本来可以独立完成的事情的时候，他有可能就是在寻求过度关注。

比如，有很多家庭有了二孩、三孩，常常会出现这样的情况：当妈妈给小宝喂奶、换尿布、忙得不可开交的时候，大宝会要求妈妈为自己做一些事情，有时候明明可以自己穿衣服、自己整理书包，却偏偏要妈妈帮忙。妈妈常常会因为大宝提出这样的要求而心烦焦虑，甚至会说：你是哥哥，你要懂事一点，你没有看到妈妈忙着吗？或者还可能出现另外一种情况，就是大宝表现得格外懂事，并且他常常会在父母面前表现出来，期望得到父母的表扬。其实，出现这两种情况都表明，大宝在寻求过度关注。

一个寻求过度关注的孩子并不快乐，他认为自己得不到关注，就是不好的，就没有价值、没有家庭地位。内心的不安迫使他不断向妈妈确认自己是否重要，当妈妈注意到他，他的不安就会停一下，但妈妈不可能永远一直关注他，于是他又会产生同样的潜意识疑问："妈妈仍然会关注我吗？""在妈妈心目中我还是重要的吗？"如此形成恶性循环。这种不良影响同样也会被孩子带到学校，他们像渴望得到妈妈的关注那样，期望得到老师和同伴的关注。如果老师反映您的孩子在班上喜欢插嘴、好动、打打闹闹，甚至喜欢恶作剧，多半都是因为他在寻求过度关注。比如，他总是积极频繁地举手，打断别人的发言，甚至直接喊道："老师，你怎么不提问我呀？！"真的提问他时，他并不知道课堂上正在进行什么项目，因为他所有的注意力都用来关注"自己是否重要""老师是否在意自己"的内部感觉了，无法沉浸在当前的任务之中。

所有人，包括孩子，都是天生尽其所能地在寻找一份归属感。如果孩子能够健康成长，保持内心的勇气，那么他们便能够通过展现能力、积极参与和为他人提供价值而找到归属感。然而，如果这是一个气馁时没有得到鼓励的孩子，他的归属感就得不到满足。于是，他就会将自己的焦点转向他人和外界："除非你注意我，不然我什么也不是。只有你注意到我的时候，我才能找到自己的地位。"这样的孩子有可能性格内向、孤僻、胆小，也有可能走向另外一个极端，即控制、自私、自负，也许可能在外在世界获得成功，但是却很难得到精神上的满足。

怎样区分适度关注和过度关注呢？方法其实很简单。家长可以根据自己的感受来判断，孩子是不是没有什么正当理由，只想让我们不停地为他们忙碌？这种状况是不是常常让我们感到不高兴或烦躁？如果是，那么可以确定我们正在面临孩子寻求过度关注；如果不是，那么就是孩子的正当要求。

孩子基于自己的潜意识发出诉求，家长基于自己的潜意识采取行动，这些都是生活中的自然反应。当做不到客观了解、就事论事、不以自我为中心，从而无法了解全局的时候，我们可以尝试不那么快去反应，问自己几个问题：孩子的要求是什么？如果我们不介入，孩子能否自己处理？如果我们回应了孩子，会对孩子的自我认知有什么影响？我们的反应会让孩子懂得他是个有能力的人，还是会导致他认为自己没有能力，需要他人的帮助？当你有了答案，也就能纵观全局了。

那么，如何应对孩子过度关注的行为呢？我们可以采用以下几种方法：

① 引导孩子做出建设性的行为。在家里，给孩子布置一项对大人有帮助的任务，比如，给孩子一个秒表，你打电话时让孩子替你计时；或者让孩子帮忙做一件他力所能及的事情，做完后表示感谢和鼓励。

② 做孩子意料不到的事情。（一个满怀的拥抱常常很有效。）

③ 设定一段特别时光的时间表，定期陪孩子。尤其是二孩、三孩家庭，要留出单独跟大宝相处的时间。

④ 用会意地一笑让孩子明白你不会被纠缠于此，然后说："我期待着六点钟的特别时光。"

⑤ 约定一些无言的信号：把手放在胸口上表示"我爱你"，用手捂住耳朵表示等孩子不哼唧了你就会听他说话。

⑥ 避免给孩子特别的照顾。

⑦ 给予孩子安慰，表达你对他的信任。（"我爱你，我知道你会自己处理好的。"）

⑧ 不要管孩子的行为，孩子也有发泄负面情绪的权利。要以关切的方式把手放在孩子肩膀上，继续你和孩子的对话。（不管孩子的行为，不是不管孩子。）

⑨ 在大家都感到愉快的时候，花时间训练孩子，用角色扮演来向孩子演示其他行为方式，比如，使用正确的语言而不是哼哼唧唧。

⑩ 闭上嘴，采取行动。比如，停止哄劝，从沙发上站起来，拉住孩子的手，把他带到房间去做作业。态度友善，你不妨挠挠他的胳肢窝，既保持你的坚定态度，又增添点乐趣。

⑪ 说出你的爱和关怀。

很多时候孩子之所以会犯错，并不是因为孩子有多坏，而是因为他们的归属感出现了缺失。而孩子本身又认识不到这样的问题，因此他只能用一些错误的方法去寻找归属感，从而做出了不良行为。

（2）第二种：寻求权利

感到气馁的孩子寻求归属感的第二个错误目标，是"权利之争"。通常出现在父母强行制止孩子要求关注的行为后，孩子会决心用权利之争来击败父母，从拒绝父母的正当要求中得到满足。处在这种情况中的孩子会觉得，如果顺从父母，就是屈服于比自己强大的权利，就失去了自己的价值感。对有些孩子来说，被比自己强大的权利打败，会让他们不安，他们就会通过所有努力展示自己才有更大的权利。

当家长与孩子进入了权利之争，接下来发生的事情，均显示了两方都试图展示自己才是说话算数的那个。当家长心烦意乱、生气沮丧时，可能恼羞成怒，甚至想惩罚孩子，这实际是宣布了自己的失败。而孩子用惩罚和疼痛换来的，是实际的胜利：他的行为让家长持续受挫。当父母恼羞成怒开始动手时，就像在说："除了比你个子高、力气大，我什么优势都没有了。"孩子能感受到父母的情绪，并加以利用。

权利之争持续下去，容易发展成习惯。这会让孩子借此学会更多玩弄权利的技巧，同时也让孩子更加觉得，除非拥有更大的权利，否则自己毫无价值。以这样的方式成长，有可能导致孩子觉得唯一获得满足感的方式，就是恃强凌弱或者成为专制者。

要求"过度关注"和"过分权利"的重要区别在于：当孩子的行为被大人纠正时，想要得到关注的孩子，一受到斥责就会停止自己让人恼火的行为；而想要得到权利的孩子，则会加强自己令人恼火的行为。

记住，权利不是坏东西，我们要建设性地使用权利，而不是破坏性地使用它。从权利之争中退出来，让双方都有时间冷静，然后再按照下面的方法去做：

承认你不能强迫孩子做任何事情，并让孩子帮助你一起找到对彼此都有用的解决方案。

具体方法（赢得合作的四个步骤）：

① 表达出对孩子感受的理解，一定要向孩子核实你的理解是否正确。

② 表达出你对孩子的同情，但不能宽恕。

③ 告诉孩子你的感受。

④ 让孩子关注于解决问题。

引导孩子建设性地使用他们的权利。比如，开家庭会议，引导孩子在会议上争取自己的权利，参与问题的解决过程。

家长决定自己要做什么，而不是试图让孩子做什么。比如，我只洗放在筐子里的衣服，不洗扔在地上的衣服。

（3）第三种：报复

如果家长的感觉是伤害、失望、难以置信、憎恶，而且想采取的行动（不恰当的行动）是反击，心想"你怎么能这样对我？"，如果孩子的回应（针对大人的不恰当的行为）是反击、伤害别人、破坏东西等，那么，孩子行为背后的信念是我没有归属感，反正没人疼爱，受到伤害就要以牙还牙。

家长或老师应该采取主动、鼓励性的回应，可以尊重孩子受伤的感觉："你的行为告诉我，你一定觉得很受伤，能和我谈谈吗？"还可以避免惩罚和还击，反射性倾听，做出弥补，鼓励其长处，召开家庭会议。

（4）第四种：自暴自弃（放弃，而且不愿别人介入）

如果家长或老师的感觉是绝望、无助、无能为力，而且想采取的行动（不恰当的行动）是放弃、替孩子做、过度帮助，如果孩子的回应（针对大人的不恰当的行为）是逃避、消极、毫无改进、毫无响应，孩子行为背后的信念是我不相信我能有所归属，我要让别人知道不能对我寄予任何希望，我无助且无能；我怎么都做不好，努力也没用。

家长应该采取主动、鼓励性的回应，包括表达对孩子的信任；小步前进；停止批评；鼓励任何一点点的积极努力；关注孩子的优点；不要怜悯，不要放弃；创造成功的机会；教给孩子技能，示范该怎么做；真心喜欢孩子；尊重孩子的兴趣。

记住，孩子会以寻求报复（使他们有控制感）来掩盖受到伤害的感觉（使他们觉得软弱无力）。

家长可以对孩子采取的有效鼓励方式：

① 不要还击，要从报复循环中退出来。

② 保持友善的态度，等待孩子冷静下来。

③ 猜测孩子因为什么受到伤害，要表达同情，表达出对他受到伤害的感受的理解。

④ 坦诚地告诉孩子你的感受：我对于 _____ 觉得 ____ ，因为 _____ ，我希望 _____ 。

⑤ 用语言表达你的爱和关怀，而不是抱怨你所做的一切都是为了他，更不要说自己有多艰难；花时间训练孩子，把事情细分到能让孩子体验到成功的足够简单的步骤上。

⑥ 向孩子演示他能够照着做的小步骤。比如，"我来画半个圆，你把另一半补齐。"

⑦ 创造一些小的成功机会，找出孩子能够做到的任何事情，给他们提供大

量的机会显示他们在这些方面的能力。

⑧ 肯定孩子的任何积极努力，不论多么微小。

⑨ 放弃你对孩子的任何完美的期待。

⑩ 关注孩子的优点。

⑪ 不要放弃。

接下来，给大家2分钟的时间讨论：我们刚刚学习到的，孩子错误背后的目的一共有几种？我们可以用什么方式去解决？希望大家把今天学到的知识落实到日常生活中。

主题七

如何高质量地陪伴孩子（选修）

【课例简介】

　　本课通过帮助家长了解高质量陪伴的意义，掌握高质量陪伴的方法，从而为孩子营造良好的成长环境。

【教学目标】

　　1. 帮助家长了解陪伴的误区及高质量陪伴的含义。

　　2. 指导家长掌握高质量陪伴的方法，构建良好的亲子关系，营造温馨的家庭氛围。

【授课对象】

　　小学生家长。

【教学过程】

一、高质量陪伴的意义

　　高质量的陪伴，孩子和父母应是共同处于放松、舒适、愉悦、亲密的状态中，能够互相得到精神上的滋养，能够建立起良好的互动模式，能够像朋友一样彼此独立但又紧密相连。

　　孩子为什么需要高质量的陪伴？蒙台梭利博士说："每种性格缺陷都是由儿童早期经受的某种错误对待造成的。"陪伴孩子，是为了给孩子一个幸福的童年，这恰恰是在为孩子一生的幸福奠定基础。孩子自出生起就不断地通过对世界的体验、感知，与周围环境的互动而获得成长，就像一个海绵，源源不断地吸收环境给予的一切。父母作为连接孩子与世界的第一人，陪伴的方式和质量决定着孩子如何与世界共处以及如何自处。

二、陪伴的误区

反观我们日常的陪伴，有没有出现过如下几种情况？

1. 陪着 ≠ 陪伴。常看到父母跟在孩子旁边，或陪孩子散步、写作业……但孩子仍然是一个人自言自语或者自己玩，父母好像没听到孩子的说话，在想自己的心事，人在心不在，更没心情体验陪伴孩子的快乐，这样的陪同不算陪伴。父母从没有走入孩子的内心，时间久了，孩子越来越不想跟父母沟通了。

2. 照料 ≠ 陪伴。爷爷奶奶把孩子当成"小皇帝"照料。

3. 物质满足 ≠ 陪伴。很多父母出于弥补忽略孩子的心理，偶尔有时间陪孩子，就豪爽地花钱，不管孩子要的、不要的，都买给他。最流行的名牌、学费最贵的学校，可以让父母内心感到平衡，却无法填补孩子内心缺少爱的虚空。时间久了，孩子会变成欲望动物，他们的心里没有该与不该，只知道索取，不懂付出，蛮横无理，没有责任感。

4. 说教 ≠ 陪伴。很多父母难得与孩子在一起，借机不停地讲各种道理，讲很多自己的辛苦，说这一切都是为了孩子，自己都是对的。父母用这些最有伤害力的话，以为能激发孩子的积极性，却不知道被"内疚和负罪"培养大的孩子最无力，他们只有自我否定，只有自我纠结和挣扎，没力气改变。孩子最害怕这样的"陪伴"。

5. 看管 ≠ 陪伴。父母紧紧跟在旁边不断地提醒孩子这个不可以、那个不行，什么事都替孩子做，怕孩子摔着，怕孩子受委屈，怕孩子走弯路……没有看到孩子的需要，更没随着孩子的成长，不断拓展他的独立成长空间。长此以往，父母疲惫，孩子也辛苦。这样的陪伴，充其量是保姆般的照顾，不是陪伴。久而久之，孩子的创造能力、学习能力、生活能力、人际交往能力等被抹杀，孩子会变得依赖性强、不自信，很难独立生存。

陪伴看似容易，却最难得；陪伴看似廉价，却最珍贵。这就是为什么很多家长天天陪在孩子身边，但跟孩子之间的问题越来越多。原因在于陪伴的质量。家长在孩子的成长过程中应扮演着榜样、向导、伙伴与权威的角色，但是很多家长在陪伴孩子的过程中，时刻是一个监督者。那么，家长该如何高质量地陪伴呢？

三、高质量陪伴的方法

(一) 原则

高质量陪伴的原则是家长要全情投入，与孩子产生共情。

人类从生命之初直到最后，首先渴望的是被爱，被真正倾听，被尊重，以本初的样子被接纳。更确切地说，我们希望自己的情绪、感觉、意愿能够被听到和被理解，希望在有需要时能够得到帮助。但更深的渴望是建立和谐的相互理解的人际关系。孩子也是如此。他们渴望与成年人之间建立一种有共情的充满爱的关系。共情包括自我共情与对他人的共情。自我共情在于欣然接受我们内在的所有方面，不管是喜欢还是不喜欢的，不管是情绪、感觉，还是意愿，我们都应充分意识到，不加评判、不带负罪感地去倾听和理解。这种自我了解是内心获得宁静的源头。如果我们对自己没有一点儿共情，就很难甚至不可能与他人产生共情。当孩子未被倾听与尊重时，后果很快就会显露出来：孩子要么自我封闭，要么愤怒和攻击性强，要么在顺从与反抗之间摇摆。

(二) 工具

1.PEERE 法则

哈佛大学开展了一个社会创新项目，研究目的是帮助父母在有限的时间里提高陪伴质量，提升孩子的执行力。

（1）Pause(暂停)——看见孩子的需求

当你看到孩子的一个举动时，无论你喜不喜欢，都请停下手上的事情，让孩子感受到你在关注他。

（2）Engage(参与)——加入孩子的行动

父母可以提出一个能激发孩子好奇心的问题，自己也参与到这件事情中，也就是用问题或其他方式，让孩子颁发一张你可以参与的"入场券"。

（3）Encourage(鼓励)——支持孩子的想法

无论孩子的回答如何，你一定要鼓励他。

（4）Reflect(反馈)——真诚地交流想法

无论最终结果是否符合你的标准，你都可以与孩子一起复盘；把你的真实感受告诉孩子，给他最真实的反馈。

（5）Extend(衍生)——拓宽孩子的视野

也许孩子本身的思维只是在单一的方向上，这时需要父母给出更多的视角作衍生。

例1：带孩子在小花园里玩，孩子很想和大孩子一起玩，但是遭到大孩子的拒绝，哭哭啼啼地回来找你。

一般父母内心独白：你可以再去试试呀，人家不和你玩，你自己玩呗！

【PEERE 法则处理】

P（暂停）：做出反应前先关注孩子的情绪。

E（参与）：参与到孩子难过的心情中，表达出你能够感受到孩子的伤心——妈妈知道你很伤心，然后给孩子一个拥抱。

E（鼓励）：鼓励孩子从这种情绪中走出来，重新尝试。你可以说：你刚才很勇敢了，现在我们去问问那边的小姐姐吧！或者我们可以去其他地方玩。

R（反馈）：无论孩子的再次尝试是否成功，你都应该和他有一个复盘。孩子失败了，你可以说：其实妈妈小时候也被拒绝过，但是和谁玩都是大家自己决定的，就像有的时候你也不太喜欢和明明一起玩。如果孩子成功了，你可以说：妈妈很高兴，因为你很勇敢，下一次你可以主动地邀请别人一起玩。

E（衍生）：可以根据这次经历，给孩子讲更加深刻的道理。如问孩子：如果下一次有一个小弟弟想和你一起玩，你会怎么做？这么做会给别人带来什么样的感受？下一次如果你想拒绝别人，你可以怎么做？应该怎么照顾到别人的感受？

例2：下班回家后，你看到8岁的孩子并没有认真地写作业，而是正呆呆地盯着窗外，好像在看什么。

一般父母内心独白：瞅什么瞅，还不快写作业！

【PEERE 法则处理】

P（暂停）：你需要整理自己的情绪，停下手头的事情并且关注孩子的这个动作。

E（参与）：你可以问孩子——你在观察什么呀？

E（鼓励）：通过孩子的回答，鼓励他更加深入地去探索。

R（反馈）：说出你真实的想法：妈妈觉得你能仔细观察生活，这很好，但是也担心你这样做作业会分心。或者让孩子自己选择：现在抓紧时间做完作业，然后和妈妈一起观察或索性放下作业，仔细观察窗外一段时间。

E（衍生）：如果孩子依然坚持观察窗外，你可以和他讨论他感兴趣的事物。如果是个小动物，可以讨论动物的生活习性，进而衍生到与生态相关的话题。重点是抓住这个互动的机会，把它变得有趣，也让孩子感受到你的关注。

2. 安排特别的时光

家长在全情投入、与孩子产生共情的前提下，安排不同于常规时间的特别时光。定期的特别时光会提醒你想起当初为什么要孩子——是为了爱他们。同时，也会让孩子感受到归属感和价值感。这个方案共有四个步骤，由家长和孩子共同执行，认真地制订一份"特别时光表"。

（1）挑选活动

用头脑风暴法把你们想在特别时光做的事情列个清单。在第一次头脑风暴时，不要对清单中的事项做评估或者剔除。稍后，可以和孩子一起审核并做分类。如果某些事情太费钱，就把它列到等攒够了钱再做的事情清单上；如果某些内容的时间超过了你们计划的时间，就把它列入有更长娱乐时间的家庭娱乐日历上。请至少让孩子挑选10~12项这样的活动。如去公园散步、骑自行车、乘车兜风、拼拼图、做蛋糕……

（2）定下"约会"

每周最好有一次或者一次以上的"特别时光"（根据孩子的年龄而定）。在这段时间里，家长与孩子共同选出某一项活动一起去做，双方必须约定好每次活动的时间，并且在日历上写清楚。若有急事，首先使彼此都了解情况，然后再约定改期。家长认真对待约会能使孩子感到受重视，所以清楚约定并写在日历上很重要。

（3）家长采用新的行为模式

在"特别时光"里，让孩子决定如何开展活动，家长则把注意力放在改变言语及行为的模式方面。在活动中，应全情投入，放下所有的要求、控制、评价，只是单纯看见孩子当下的样子和重视其当下的感受。

（4）活动结束后要讨论

每次"特别时光"结束后，家长最好与孩子一起讨论个人的发现和感受。家长应特别注意孩子所说的话，以增加对孩子内心的了解，并且多跟孩子说一些鼓励的话。

第三节 "学业支持"课程课例举隅

主题一

如何抓住一年级孩子学习的敏感点（必修）

【课例简介】

家有孩子升入一年级，不是孩子一个人的事，也不是孩子一个人的成长里程碑，而是整个家庭生活的一个标志性阶段的开始。本课通过展示小学和幼儿园的不同之处，让家长清楚地认识到孩子升入一年级后所面临的挑战，帮助家长悦纳小学生家长角色，梳理情绪，明确一年级关注的要点，在孩子的教育过程中能更新理念，改进方式，以适应孩子的成长。同时，让家长了解一年级学生的学习智力发展情况及学习特点，掌握培养孩子学习习惯和学习方法训练的技巧，坦然地迎接新的生活，并为之做好充分的准备。

【教学目标】

结合一年级学生身心特点，帮助家长悦纳小学生家长角色，在孩子教育中能更新理念，改进方式，以适应孩子的成长。同时，让家长了解一年级学生的学习智力发展情况及学习特点，掌握培养孩子学习习惯和学习方法训练的有效方法，为孩子的学业生涯发展做好充分的准备。

【授课对象】

一年级学生家长。

【教学过程】

一、小学和幼儿园有什么不同

第一，学习环境的变化。幼儿园：布置得美观、舒适，玩具琳琅满目。小学：教室里整齐的桌椅，操场上的运动器械对低年级学生来说较高。

第二，生活内容的变化。幼儿园：以游戏为基础活动。小学：完成国家统一规定的课程，主要时间是上课、完成作业，课间休息和游戏时间很短。

难点是一年级学生和五、六年级学生一样，每天上午四节课，下午两节课的课堂学习。

第三，师生关系的变化。幼儿园：老师像妈妈般照顾孩子，参加孩子们的各项活动。小学：老师要完成教学任务，主要精力放在教学上，在生活上对学生的关心相对减少，老师与学生的交往主要在课堂上。

难点是孩子对这种新的师生关系可能会有些不适应，还可能会感到生疏和压抑。

第四，教学方法的变化。幼儿园：游戏、探索和发现，提倡在玩中学、学中玩。小学：强调文化知识的系统教育和读、写、算等基本技能的训练。

第五，行为规范的变化。幼儿园：大部分行为都会被允许，课间可以上厕所、说话、玩玩具等。小学：上课坐端正、不东张西望、不随便说话、发言要举手、学习用品放整齐、不准撕课本和作业本等。

难点是孩子在幼儿园里许多自选活动的时间和权利将被服从统一要求替代。

第六，家长和老师期望值的变化。幼儿园：更注重孩子的营养、心理的健康、身体的健康，只要求吃好、玩好，与同伴相处融洽。小学：在学习方面对孩子寄予新的期望、提出高的要求。

第七，幼小衔接能力习惯培养体系。

二、一年级，我们准备好了吗

（一）需要一个仪式

仪式内容：（全体家庭成员参加）

1.改称呼："你已经成为小学生了，以后在家庭之外，将称呼你的大名。"

2.让孩子穿上新校服，拍一张家庭合照，发个朋友圈。

3.入学前邀请孩子一起清点学习用具和校服。入学后，请孩子介绍自己书包中的物品，再介绍教师和学校。

4.家庭成员分别向新生说一句祝福语。

（二）做好沟通

1.亲子沟通：固定时间和随机沟通

（1）今天在学校有没有为班级服务呀？

（2）老师有没有交代什么事？

（3）明天上什么课？有什么活动？要为明天做什么准备？

预案：如果孩子遇到了严厉的老师，该如何跟孩子沟通？孩子不喜欢一年级的老师该怎么办？

2.亲师沟通

探讨问题，提前预约，列好清单。

请假、反映情况尽量用文字。

遇到紧急情况，及时联系。

（三）练好四项本领

1.睡觉和起床训练

（1）晚上：9:00熄睡觉，坚持一周以上。

（2）教孩子起床步骤：

①事前准备：

A.晚睡前和孩子约定，明确起床时间；

B.积极引导孩子按时起床，迅速完成起床动作；

C.教孩子学会定闹钟。

②实操步骤：

A. 闹钟响，迅速坐起；

B. 关掉闹铃，马上穿衣服下床；

C. 迅速去卫生间大小便；

D. 认真洗手、刷牙、洗脸；

E. 及时返回卧室整理床铺。

③完成要求：

A. 动作要求连贯；

B. 做每一步都保持专注。

提醒：在真正执行之前，分阶段安排训练，直至熟练，再执行。正式着手训练之前，让孩子清楚，练习最初可能很枯燥，但是不要怕麻烦。当练习次数多了，会下意识脱口而出每个细节，按部就班去完成，反而能节约很多时间。

2. 作业训练

作业训练是每个孩子的必修课，是学习习惯养成的重要环节，也是让孩子获得好成绩的关键因素。

（1）准备阶段

①喝水（吃水果）。

②上厕所。

③洗手。

④准备文具。

⑤清理书桌（与学习无关的物品清除）。

⑥摆放文具和课本及作业本（只拿出准备写的一项）。

（2）写作业阶段

①读题（用手指）。

②分析题（按先易后难的顺序，先做会做的，后做难做的，实在不会做，做好记号，其他题目完成后向他人请教）。

③答题。

④检查。

（3）完成后阶段

①课本及练习册装入书包。

②文具装入书包。

③检查是否有遗漏。

④拉上书包拉链。

⑤将书包放在指定位置（便于次日早晨上学背起就走）。

提醒：此阶段内容可以结合每次写作业时进行，因为孩子完成作业后，心情立刻放松，可以轻松做到。只要家长给孩子一点鼓励，让孩子保持愉悦的心情，这个阶段的训练最容易落实到位。

3.阅读训练

（1）孩子是否会经常看到你捧读一本书？

（2）家里是否会就一本有意义的书进行讨论？

（3）孩子有自己的书架或书柜吗？

（4）孩子的阅读环境安静舒适吗？

（5）作为家长，您是否有颗谦虚的心请教专业人士为你做一些推荐？

如果您做到了以上几点，恭喜您，您的家庭基本算是书香家庭了。

4.书写训练

（1）书写训练的重要性。

（2）书写训练的注意事项。

（3）亲子练字。

5.八大关注

（1）关注孩子上学、中午休息、放学时间。

（2）关注孩子的仪容仪表（发型、穿着、手指甲等）。

（3）关注孩子的作业情况（引导孩子高效地完成作业，作业本上家长要签字）。

（4）关注孩子的周末动向（少玩手机电脑，养成阅读习惯）。

（5）关注孩子书包里的物品（不带玩具、食物等）。

（6）关注孩子的饮食、午休等。

（7）关注孩子的言谈举止（不说脏话、不发脾气、不做危险动作）。

（8）关注学校重大活动及相关信息（家长会、运动会等；及时上交各种要求上交的资料）。

6. 阶段特点

孩子对校园生活既充满好奇，又十分担忧，因而，心理上需要适应一段时间，摆脱不安全感。

孩子对学习有新鲜感，却很难长时间保持注意力，一般只有15分钟左右。孩子的识字量有限，需要在家长的帮助下完成作业。他们喜欢模仿他人的言行，在思维上有直观、具体、形象等特点。

孩子很乐意和同学接触，但缺乏交往的方法，常常以自我为中心，希望得到老师、同学更多的关注；特别信任老师，相信老师的话，尊重老师的行为和评价；对父母的依赖性很强。很多孩子生活不能自理，没有养成相应的劳动习惯。

孩子的情绪变化无常，身体容易疲倦，言行在一定时期内经常反复，不善于控制情绪与言行，容易冲动且特别敏感，对成功的喜悦和失败的痛苦都很强烈。

主题二

如何激发孩子的学习动力（必修）

【课例简介】

通过了解孩子学习动力的机制，帮助家长掌握激发孩子学习动力的方法，助力孩子在学习中有获得感和成就感。

【教学目标】

了解孩子学习的动力从哪里来，家长该如何激发、呵护这种动力；帮助孩子学会保持，让孩子化动力为实质行动。

【授课对象】

四年级学生家长。

【案例回放】

小健每天上学迟到，上课不专心听讲，不按时完成作业。在家经常跟妈妈顶嘴，在校不接受老师、同学的建议。每当老师或同学指出其错误行为或缺点后，他回到家便告诉妈妈，说老师为难他、同学欺负他。这位妈妈也常认为是老师错怪孩子、同学欺负其儿子，便处处袒护儿子。小健慢慢变得心灵脆弱，且无心学习，成绩一落千丈，后来发展到放弃学习，经常上课没书、没笔，也不参与课堂的学习活动。

【案例分析】

学习动力是激发、维持学生学习行为，并使之指向一定学业目标的一种动力倾向，是推动学生学习的内部动力。学习动力包含外在动力和内在动力。进入小学高年级后，如果孩子缺乏内在的学习动力，其学习会显得吃力，而家长也会因此而心烦、焦虑。

案例中影响小健学习成长的因素有两个方面：一是家长教育方式不当；二是小健自身缺乏学习动力。面对小健的一些不良行为习惯，小健妈妈不是引导孩子发现自身问题，而是把责任推给他人；不是引导孩子培养良好的学习习惯、树立人生目标，而是一味地惯着孩子。小健对自己没有要求，没有养成良好的学习习惯，更没有树立学习目标，所以学习成绩一直没有提高。因此，小健对学习便提不起兴趣了。为了改变小健，小健妈妈首先要改变教育方式，其次是激发小健的学习动力。

【家教支招】

为了激发孩子的学习动力，家长尽量做到以下几点：

一、对孩子的期望值要恰当

每个家长对自己的孩子都寄予很高的期望，家长的期望水平对孩子的学业水平和成长会有所影响。适度的期望有利于增强孩子的自信心和进取心，也可成为孩子前进的动力。可是，许多家长没有根据孩子的实际情况来制订目标。如果孩子平时最多只能考70分，家长一味地要求他考90分；平时最多考80分，家长却要求他一定要考95分，可能吗？这是不切实际的。还有的家长望子成龙、望女成凤心切，不考虑孩子的天赋及兴趣爱好，一厢情愿地下血本培养，指望孩子长大后能出人头地，成为科学家、舞蹈家、企业家……如果家长过高的期望脱离了孩子的实际情况，不仅起不到积极的作用，反而会阻碍孩子的健康成长，此乃揠苗助长之举。

实际上，每个人都有各自的天赋和兴趣。有的人喜欢摆弄文字而不愿演算数学题；有的人擅长动手实践而不愿抽象推理；有的人能歌善舞却对体育望而生畏……这也是多元智能理论所倡导的，每个人都应以自己独特的方式去把握自己，实现自己的人生价值。当然，家长对孩子寄予期望，是一种信任与鼓励，但对孩子的期望值一定要恰当!

二、别把孩子当成"学习机器"

有的孩子抱怨:"我每天晚上写作业写到10点或11点!""写完老师布置的作业,还要写爸妈给我另设的作业。唉,真累呀!"还有的说:"为了不被加作业,就只能悠着点做,要不太早做完了还要'加餐'。"这都是孩子们真实的心声。

很多家长抱怨孩子做作业磨蹭拖拉,家长有没有考虑到,孩子是否因为以上原因而故意拖延。还有一些家长一味地给孩子灌输知识或让孩子做一些机械性的练习,把孩子当成"学习机器"。这样不仅不能提高孩子的学习成绩,还会让孩子厌倦学习。机械性的练习,或许对某次考试有明显的效果,但对孩子的长远发展是不利的。家长应该鼓励孩子多发问、思考,多阅读、积累。培养良好的学习习惯,掌握科学的学习方法及一些生活技能,才是孩子受益终生的财富。

三、为孩子树立良好的榜样

英国教育家托马斯·阿诺德认为,父母的言行就是无声的老师,是自觉或不自觉的榜样,强有力地发挥着潜移默化的作用。所以,要想取得理想的教育功效,父母一定要以身作则,时时、处处、事事都严格要求自己,成为孩子人生中的好榜样。

父母不是天生就懂得如何做好父母的,但无论父母现在处于什么状况,只要愿意为了孩子不断改变自己,不断提升自我,就会在无形中奠定孩子一生不可磨灭的德行基础。正如俄国作家列夫·托尔斯泰所说:"教育孩子的实质在于教育自己,而自我教育则是父母影响孩子最有力的方法。"所以,我们一定要从自己做起,从小事做起,为孩子撑起健康成长的生命之帆,为孩子点亮人生道路的明灯。只有家长端正了自己的言语行为,孩子身上才会产生"随风潜入夜,润物细无声"的教育效果。

【方法指导】

家长可从以下四个方面来帮助孩子激发学习动力。

一、确立学习目标

1. 要帮助孩子认清现状

家长要详细分析孩子的学习特点，是善于记忆，还是遗忘太快；是做题认真细致，还是经常粗心大意；弱点在哪里，强项又在哪里；哪些学科学习得较好，哪些学科还有进步的空间。然后，家长再和孩子分析存在的问题，认识自己需要改进的地方。

2. 要尊重孩子

让孩子明确了学习现状后，家长不要忙着立即给孩子提要求、定计划、列目标，而要先听听孩子的想法，了解孩子心目中的努力方向是什么。因为学习目标是给孩子定的，目标定好之后也需要孩子来具体实施，所以，家长要充分尊重孩子的意愿，启发孩子自己确立学习目标，尽量不要越俎代庖，这样才能激发孩子学习的自觉性和主动性。

3. 指导孩子制订切实可行的目标

在指导孩子制订学习目标时，家长一方面要充分考虑孩子的基础和能力，尽量从孩子的实际水平出发，让孩子跳一跳就能摘到桃子，激发孩子的内在潜能；另一方面，目标要明确，要求要具体，操作性要强，如让孩子某一学科进步几分，每天记忆几个单词，作业出错率控制在什么范围内等，以便于家长和孩子对照检查目标了解落实情况。

除此之外，家长还要引导孩子根据学习情况修正学习目标，并鼓励其把目标坚持到底。

二、激发学习兴趣

兴趣是最好的老师。激发孩子的好奇心和学习兴趣，是有效激发孩子学习动力的重要因素。

一位生物老师教孩子们养小球藻，在一个广口瓶里放上自来水，每天往水里吹气，慢慢地水的颜色变绿了；还让孩子们把蚯蚓剪成若干段后埋入泥土里，观察其如何慢慢长成一条条蚯蚓……孩子们觉得这像变魔术一样，不少孩子都有了长大要做生物学家的想法。可见激发孩子好奇心和兴趣的重要性。

其实，家长也可以带孩子做这些动手的小实验，做实验对培养孩子的学习兴趣、动手能力、探究能力非常有用。

此外，家长还可通过闯关或游戏的方式来激发孩子的学习兴趣。如小一点的孩子可以通过搭积木，从中了解三角形、长方形、圆、半圆等图形概念和红、绿、黄等颜色概念，还能养成观察、记忆、想象、合作等习惯；大一点的孩子可以写观察日记或社会调查等。

三、掌握学习方法

"工欲善其事，必先利其器。"如果我们想做好一件事，重要的一点就是拥有精锐的工具、科学的方法（手段）。由此可以看出，掌握科学的学习方法也是非常重要的。那么，我们要掌握哪些科学方法呢？

1. 科学合理地安排学习时间

家长可以引导孩子根据自身的情况制订一份作息时间表。

2. 做好课前预习、课中专心、课后复习三个环节

很多家长忽略了预习环节，觉得不预习没关系，反正第二天老师上课会讲的。有的孩子对待预习也只是形式，没有要求，不知如何预习。其实，预习是学习过程中非常重要的一环。孩子在预习中了解学习内容，提出疑问，课堂上就会带着问题进行思考、学习。例如，语文的预习，可按"预习五步曲"进行预习。"预习五步曲"：读（读课文3遍）、认（认生字）、标（标自然段、生字、好词佳句）、思（思考课后习题，提出疑问）、写（有感触的地方写下感受，做标注）。除此之外，还要引导孩子上课要专心听讲，认真做笔记；课后要及时完成作业，巩固学习方法。这样可以有效提高孩子的学习效率。

四、让孩子体验成就感

家长在孩子的学习上不要大包大揽，但要有意识地培养孩子的自信自强等。

莫言为什么会喜欢写作？他自己回忆说，就因为小学三年级的语文老师很喜欢他，把他的文章当作范文读出来。

相信很多人都有过类似的经历。这给我们一个启示：孩子需要鼓励，要给他

成功的体验，培养他的成就感。有成就感才会有兴趣。

作为家长，要想培养孩子的自信心，可以让孩子做家务，养成自己的事情自己做的习惯；还可让孩子参加社区活动，让他多一些锻炼、多一些体验；或者联系几个志趣相投的朋友，不定期地为孩子组织小型"演奏会""音乐会""交流会"活动，让孩子参加登山、踢球等活动，为孩子创造展示自己的机会，让孩子在体验成就感的同时树立自信，激发其学习动力。

有效激发孩子学习动力的几个小妙招：

1. 给孩子开具"成功证明"或"推荐表扬单"。当孩子取得进步或某方面表现突出时，家长可开具类似这样的证明，让老师在班级给予表扬和鼓励。这样有利于激发孩子的学习动力。

2. 在家设置"家庭鼓励墙"或"光荣榜"。可把孩子获得的奖状、优秀作业、成绩突出的试卷、进步表现（写在便笺纸上）等张贴在"光荣榜"上。这样可时刻激励、鞭策孩子积极向上。

3. 家长可根据孩子的表现，自设一些"创意"奖项，例如，学习能手、小小书法家、劳动之星、文明之星、爱心大使等。当孩子在某个方面取得进步时，家长可适时给孩子颁发这样的奖励，以此让孩子树立自信。

主题三

如何抓住六年级的学习关键点（必修）

【课例简介】

通过本课的学习，帮助家长了解孩子在六年级需要哪些知识梳理、能力提升以及训练方法，指导孩子了解初中的学习方式、内容，为升学做准备。

【教学目标】

帮助家长了解六年级孩子需要具备的知识、能力有哪些，要为升学做哪些准备，以帮助孩子做好小初衔接的知识准备和能力准备。

【授课对象】

六年级学生家长。

【教学过程】

六年级对小学生来说是回望和总结，是整个学习生涯中的第一个小结，是对小学所学知识的全面的"回头看"。梳理知识，知道什么知识点掌握了，还有哪些没有掌握。更为关键的是，对学习核心能力的评估与训练，为上中学做好能力准备。

一、关注核心能力是否养成

苏霍姆林斯基认为，升入高年级以后，许多学生成绩跟不上，很可能是知识与能力失调的结果。原因在于，学生在学习知识的同时没有形成相应的能力，就像没长好牙齿的人，食物没能好好咀嚼就被囫囵吞下，吃的东西越多，越容易造成消化不良，最后就生病了。他所说的基本能力有12种，其中最主要的有5种：读、写、算、观察、表达。"观察"可算作广义上的"读"（对意义的感知和理解），"表达"可视为广义上的"写"（内部思维的外显）。也就是说，"读"和"写"是学生最重要的能力，是发展智力的重要工具。如果这两种能力没有得到及时有效的发展，就会造成学习越来越困难。

需要达到什么程度呢？打个比方，你还记得刚开始学自行车的时候是什么样子的吗？两手紧握车把，动作僵硬，内心紧张，一心想着怎么骑车，专注于骑车本身，无暇顾及周围的风景。一旦学会了，动作娴熟了，就可以不用专门想着怎么骑车，而是一边自如地骑着，一边随心所欲地欣赏周围的风景。二者的根本区别在哪儿？区别在于，骑车的时候关注点是骑车本身的动作，还是周围的风景。如果骑车时关注动作本身，那么他就是没有完成骑车的自动化；如果骑车非常熟练，动作已经变成一种习惯、一种潜意识，那么不用特别关注就可以自动发挥作用，这样，他就实现了骑车自动化。

学习也是如此。学习的自动化是指人的知识和技能已经变成一种习惯、一种潜意识，遭遇类似问题时可以自动发挥作用。自动化的实质，是知识或者技能已经成为一套解决问题的程序，当遭遇相关问题时能自动启动、发挥作用，并处于运动之中。这也是经验的实质。

(一) 自动化阅读

自动化阅读就是一边阅读一边思考，同时，关注点不在读写本身，而在于思考。

在阅读的同时能够思考，在思考的同时能够阅读，用视觉和意识来感知，所读材料是一种结构化的阅读。阅读材料是以词、短语，甚至句子为单位整体进入意识的，意识快速反应上来的是一幅完整的画面，而不是一个一个单字逐一呈现。

有的孩子把全部精力都用在阅读活动本身上去了：全身紧张，脸上冒汗，生怕把哪一个字读错。他碰到多音节的词就读得结结巴巴，实质上是不能把这些词作为统一的整体来感知的。他已经没有剩余的精力去理解所读的文字的含义，他的全部精力都消耗在阅读过程本身上去了。

能进行流利的、有理解的阅读，一下子能用眼睛和思想把握住句子的一部分或整个较短的句子，然后使眼光离开书本，念出所记住的东西，并且同时进行思考——不仅思考眼前所读的东西，而且思考与所读材料有联系的某些画面、形象、表象、事实和现象。在六、七年级，学生应当能够一眼看下去就能把握住一个长句的意思。不掌握这些能力，思维就会变得迟钝，思考力好像在许许多多的死胡同面前停了下来。如果不能一眼看下去就把握住一个句子的完整的逻辑上的独立的部分的意思，不能在一个句子没有读到底的时候就猜出其中一部分的含义，那么，会反映在目前不善于阅读等方面。

没有完成自动化阅读的表现：

1. 指读：是平均化分配注意力。在一年级或幼儿期，指读具有聚焦的作用，可以帮助幼儿建立字音与字形之间的联系。这是一种过渡性的、不得已的方法，不可以过度依赖。

2. 吼读：是缺乏理解的出声读，往往是读字。比如，齐声朗读等。

3. 唇读：其实也是一种出声读，只是被压抑住了，没发出明显的声音，或者，让孩子朗读的同时，画出与之相关的彩色图画。如果学生在朗读时一刻也离不开书本，直到结束时也来不及看这幅图画，没有注意图画中的细节，说明他不擅长阅读和思考。

自动化阅读的核心是什么？自动化阅读即边读边思考。在这种状态下，学生关注的不是文字本身，而是文字背后隐含的意义与关系。也就是说，学生在看到文字的时候，心中显现的是文字想要表现的情感、画面、形象、场景等。就像人在能熟练骑车后，就可以一边骑车一边欣赏周围的风景。

值得注意的是，自动化阅读是一个没有止境的过程，阅读现代小说可以自动化了，但读哲学书就无法实现自动化。小学六年自动化阅读是一个相对稳定的低线水平，它的标志是学生能够完成一般读物的顺利阅读。如一个小学毕业生应该具备顺利地读完一本中等水平的童书的能力，这里提到的"顺利"指的是阅读这本书的时候能够忘记文字背后的含义，注意到故事中一个个生动鲜活的形象。

（二）自动化书写

由于前面已经说了非常多关于自动化阅读的例子，自动化书写也是同样的原理，就是边写边思考，关注点不在文字本身，而在于思考所要表达的含义。对于六年级学生来说，自动化书写必须达到能在课堂上边听课边记笔记的水平。

要实现书写自动化的目标，首先要对孩子的小肌肉进行练习，同时也要有数量的保证，小学期间，不少于1400~1500页。之所以要训练小肌肉，是因为人的生长发育是从大肌肉就开始的，手指部分的肌肉发育最晚。所以，经常看到一年级学生无力掌控铅笔，写不出漂亮的笔画，书写时间稍长就会感觉很累。

在三年级，要让孩子边听边记，讲清楚其中的逻辑和细节。当然，就像自动化阅读一样，字词本身必须熟练掌握，这样，在书写的时候才能够自动联想出它隐含的意义。

更高层次的要求是心灵性的写作能力。也就是说，自动化书写是指能够轻松地用书面语言表达自己的思想与感情。这样，自动化书写的过程就是将内心的语言（思想与感情）翻译成书面语言的过程，这种翻译能力就是写作能力。

在这种情况下，书写的自动化与非自动化的区别在于聚焦点的不同，聚焦在所要表达的思想与感情（意）就是自动化；聚焦在字词（言）就是未自动化，说明缺乏将内部语言转译成书面语言的能力。这种情形并非说明他没有思想或者情感，而是说明他缺乏的主要是表达能力，词汇量对他有一定的限制。

当然，与自动化阅读相类似，自动化书写并非写作水平，而是指一般意义上的写作能力。一种自动化书写能力应该比自动化阅读晚一年。如在三四年级完成阅读的自动化，那么在五六年级就应该完成写作自动化。

当然，要想让学生更好地自动化书写，教师就要教会学生学会观察、学会体验。要写出好的作品，必须能感之、能写之，表达的根本在于生命存在的深度。不过，对于一般人来说，基本的技巧也很有必要，需要学会怎样把内部语言恰当地转化为书面语言，毕竟内部语言只是满足个人需要，化为书面语言的时候，需要把相关的背景、情态一一表达清楚。这就增加了表达的难度，不仅需要丰富的词汇，还需要表达的技巧，否则，可能会出现词不达意的现象。

自动化读写的核心是思考。从脑科学来说，就是尽可能实现大脑神经元之间的连接。自动化读写是学生必须掌握的能力之一。小学的主要任务就是教会儿童使用工具，借助这个工具掌握知识。

二、学科知识查漏补缺

数学学科主要是帮助孩子在计算和思维上过关。有些孩子在数学题上卡住，或者遇到难题就做不下去，可能的原因是还没有达到已经不需要在基本的东西上再动脑筋，而把自己全部的智慧力量用到抽象思维上去的那种程度。正如儿童如果没有几千遍地读过那些组成各种词的音节，阅读就不能变成一种半自动化的过程一样。如果学生不记住人们在日常生活中永远牢记、不假思索就能回答的几十个、几百个试题，那么，抽象的数学思维对他来说就是完全不可及的事。

六年级学生要达到什么样的计算水平？一般而言，一年级，20以内进位加法和退位减法以及连加减；二年级，100以内两位数加减法、表内乘除法、万以内简单加减法、加减混合的两步计算题；三年级，较简单的两三位数乘一位数、较简单的小数、同分母分数加减法等；四年级，熟记一些特例的结果，如"25×4"、"125×8"、10到19的平方等，以及运用运算律进行口算。五年级，小数、分数计算等。这个标准就好像梳子，帮助孩子把计算能力梳理一遍，查漏补缺。

要达到会算，学生需要先加强对运算法则及算理的理解。正所谓"知其然，知其所以然"。然后就是多加练习。另外，学生在做计算题的时候，不仅要注重计算的结果，还要尽量思考如何简便计算。学生掌握简便计算的方法，是提高计算速度和正确率的重要途径。

估算是保证计算准确的重要环节，也是提高计算能力的手段。学生的估算意识和估算能力的强弱，直接关系到计算能力的强弱。因此，在平时也可以经常提醒学生养成估算的好习惯。

英语学科的主要学习任务：突破词汇关，语法规范化，阅读习惯。词汇和语法，为口头表达和书面表达，即英语的说和写打下坚实的基础。阅读习惯，是上述词汇和语法任务能够实现的必经之路，也是终身学习必备的能力。为完成任务使用教材简介和需要家长协助孩子习惯养成的措施如课外阅读，每天不少于20分钟。阅读监测表，可以确保孩子真实地完成阅读过程。阅读时间，考虑学生基础词汇量不足读起来会很困难，所以建议还是以课本和课内阅读如大阅读课程为主。

三、了解初中学习变化

为了能够提前适应初中的生活，建议小学升初中后在学习上应做以下转变：

1.学习方法：从传授性到理解性

提前改变：多提问、多思考、多总结。

进入初中以后，学生的学习由直观、感性、零碎的知识点变成更为完整、系统的知识体系，并更加突出能力要求。因此就要求学生在学习方法上相应做出调整。小学生的学习主要是眼看、手写、脑记，而到了初中，要求学生对知识进行充分理解，并学会用思维去分析这些知识点。

由于小学阶段知识量少且时间充裕，所以教学进度较慢，讲解也更详细具体。但初中科目增多，授课方式必然与小学不同。因此，家长可从现在开始就培养孩子多提问、多思考、多总结的学习习惯。

2.学习要求：从指令性到计划性

提前改变：学会预习，提高学习主动性。

从小学升入初中，对学生的学习要求也有很大的不同。小学阶段的学习主要依赖老师的安排，学生只要完成写字、造句、背课文这些简单的"学习指令"就行。但初中则要求学生自觉或主动并且有计划地学习。一般的学生只是单纯地完成老师布置的作业就觉得完成了学习任务，而优秀的学生基本上都有预习课本的学习习惯。从小学升入初中，要求学生的学习态度实现从"要我学"到"我要学"的转变。

3.学习行为：从随意性到目标性

提前改变：培养孩子做一周学习安排。

进入初中以后，由于学习内容和学科的变化，原先的学习方法和习惯要随之改变。原本可能通过短计划就能实现的学习任务和目标，到了初中之后则要求学生有一个"长安排"的计划才能实现。家长现在就可以开始培养孩子养成制订一周学习计划和安排一周学习任务的习惯。

4.学习时间：从短时性到长时性

提前改变：择校也要考虑路途因素。

现在小学生的学习时间安排基本上是"6+2"，即在学校花6个小时学习，在家里花2个小时学习。而升到初中后，学习时间则变成"8+4"。到校时间提前了，下课时间又推迟了。家长要做好学习时间调整的准备。家长在为孩子择校时，也要将路途因素考虑在内。

另外，学习时间增长了，家长也要对比较好动的小孩进行习惯上的纠正，比如，之前孩子只能在位置上坐10分钟，现在可以开始训练孩子安静地坐15分钟甚至20分钟。

5.学习内容不同：从单纯性到多样化

提前改变：别偏科，多看看基础科学。

小学和初中的学习任务和学习的内容差异很大。总体来看，小学的课堂教学容量小、作业量小，注重基础知识的学习和巩固，主要是语文、数学和英语三门学科的学习。

到了初中，多了物理、化学、生物、历史、地理等学科，而且知识系统性比较强，需要孩子课后花时间去消化，不然很容易导致成绩下降。

小学阶段的学生如果偏科现象过于严重，家长应及时改善孩子的偏科现象。

四、关注升学规划是否合适

小学升初中的入学原则是免试就近入学，严禁组织统一考试。但是，由于教育资源的不均衡，家长想让孩子接受优质教育的心情迫切。同时，名校为争夺优秀生源，也变相举行各类考试进行选拔，导致小升初择校氛围紧张、父母焦虑、孩子疲惫。

小学升初中是孩子自然成长的一个过程，家长要厘清自己对教育的理解和认识，在孩子升学的转折时期，避免给他们造成毫无意义的危机感。

六年级是小学生活的最后阶段，家长要鼓励孩子做最好的自己，尽自己最大的努力完成学习任务，轻松、愉悦地迎接初中生活。

家长首先要给自己减压，理性看待升学这件小事。合适的就是最好的。把关注点放到孩子是否具备相应的知识和掌握相应的能力上，如果已经达到，就适当指导孩子做初中的学习准备，预习相应的科目；如果还有距离，那就尽心、静心地陪伴孩子，或者请专业人士帮助孩子做好知识上的查漏补缺和专项的能力训练。

每个接到初中入学通知的孩子，都会产生一种自豪感和渴求上进的意愿，即使在小学不爱学习的孩子，这时候心里也会有强烈的一切从头开始的愿望。因此，家长要抓住这一契机，保护孩子要求上进的意愿，树立孩子的自信心，在升初中前的暑假，尽快让孩子完成小学生到中学生角色的转换，可以利用暑假帮助孩子总结小学阶段的优点和不足，根据孩子的心理特点，有意识地激励孩子，从而满怀热情、高高兴兴地做好升初中的准备。

主题四

如何打造个性化的家庭支持方案（必修）

【课例简介】

　　本课旨在结合九年级学生学习特点及中考压力，引导家长制订个性化的支持策略，帮助孩子梳理知识点，保持良好的学习状态，在中考中取得理想成绩。

【教学目标】

　　本课旨在帮助家长了解孩子八年级到九年级阶段面临的变化、内心可能受到的冲击、可能遇到的困难，让家长在平时的生活中，懂得如何去观察，从而帮助家长更好地理解孩子，打造个性化的支持方案，帮助孩子稳健迈出人生的关键一步。

【授课对象】

　　九年级学生家长。

【教学难点】

　　帮助家长寻找自身优势及资源意识，不过度介入，放松情绪，给予孩子需要的帮助。

【教学过程】

　　[现象一]孩子的变化

　　激情期：8~11月

　　九年级是一个新的起点，绝大部分孩子对自己的中考怀揣希望，积极努力地投入学习：经常迟到的不迟到了，爱玩手机的不玩手机了，上课听讲效果好了，提问的情况多了。

高原期：12月~次年2月

期中考试后，成绩上升的孩子心理松了口气，稍微有些懈怠；而成绩无起色的孩子则疲惫烦躁，情绪低落，积极性大受打击。在考试的压力下，多数孩子还会坚持下去，但是细节上会表现得不如前一时期。

怀疑放弃期：3月一模

在第一轮复习基本完成后，大部分孩子的成绩趋向稳定，但是第一次模拟考试的成绩会使一些失利的孩子受到打击，甚至让一些孩子产生放弃的念头。同时，部分具有一定优势的孩子也会因不再进步而怀疑自己。

恐惧焦虑期：一模~中考前

中考一天天临近，无论成绩好坏，孩子多多少少都会产生一定的焦虑或恐惧，有的踌躇满志，却患得患失，担心不能考取理想的高中；有的则升学无望，却恐惧马上就要面对的职高选择。因此，很多时候，焦虑会表现在每个孩子身上。

[现象二] 家长变化

缺乏自信。家长在陪考过程中，会逐渐发现自己有越来越多的不足，有越来越多的事情自己不能帮忙解决，特别是当得知其他家长能够提供更加优越的备考条件而自己无能为力，或者自我感觉陪考中出现纰漏时，容易产生自卑心理。

过分攀比。比如，很多家长总喜欢打听其他孩子的备考情况，总喜欢拿其他孩子的成绩跟自己孩子的成绩进行比较，总觉得别的孩子有的备考条件自己的孩子也必须有。这些比较都没有必要，会对孩子产生不良影响。

极度敏感。家长往往容易对很多事情过分在意，比如，孩子放松一会儿，会不会影响学习？孩子天天学习但成绩反而下降，会不会是因为他并没有真正努力而只是装装样子给家长看？孩子最近跟异性同学接触频繁，这么关键的时刻早恋了怎么办？

[策略一] 摆对位置

孩子在0~3岁时，作为"完全无行为能力"人，父母需要的是带孩子认路：

让孩子看着前面的路，看着前面的风景，了解面对不同的路况、不同的交通情况应该如何处理。

孩子慢慢长大，到3~12岁期间，孩子慢慢学习向外走。当孩子遇到问题时，家长可以帮助孩子解决。如何把握其中的度，就看家长的智慧了：既不能看之不理，也不能干涉太多，以免影响孩子的心态。孩子成长的过程，就是家长慢慢放手的一个过程。

孩子长到12~18岁时，会拥有更多自主的能力。这是考家长的智慧，更考家长的心态、宽容和耐心的阶段。家长在孩子需要帮助的时候提供帮助，给予指导。

[策略二] 练好内功

1. 控制压力"传染源"

家长的"中考压力"仿佛"传染源"，会通过种种途径传染给考生，并转化为影响考生正常复习与临场发挥的重要压力源。家长调整好心态，就是对孩子最大的帮助。

2. 练好气球呼吸

想象你在吹气球，慢慢放出空气直至气球瘪下来的画面。你能看到吗？过一会儿，我们将假设你的肚子就是那个气球。你要深深地吸入一口气，让这口气一路下到你的下腹部，屏住这口气几秒钟，然后把它轻柔地呼出。

准备好将手放在肚子上，大概在你的肚脐眼下5厘米的地方。好，现在，花几分钟想想自己的呼吸，慢慢地深吸一口气，感觉吸与呼。慢慢呼吸，让你的肚子和手一起一伏。接着，让我们更慢地吸气——数1、2、3。现在，同样慢慢地将气呼出。

准备好了的话，请将注意力放到你的手上和脚上。它们在哪？它们接触到的东西是什么？现在，慢慢闭上你的眼睛（想象将一道爱的彩虹吸进自己的肚子，然后想象用这道彩虹充满自己的整个身体）。

[策略三] 探好路子

九年级学生已进入紧张的学习状态，无暇顾及招生考试的相关信息。家长可以提前搜集一些中考志愿填报资料、招生资料等，以便提前进入角色，准备报考。帮孩子定位志愿学校，最主要的依据就是手中积累的权威、准确的数据资料。

1. 了解信息和相关平台

（1）教育行政机构官方信息。各地教育考试机构网站，官方的资讯最权威且尤为重要，家长一定要随时关注。

（2）参加中招说明会、学校开放日和中招办网上咨询会等活动，每年4月份后这样的活动很多。

（3）参加一些专业升学规划机构举办的中考讲座，自主招生、志愿填报讲座。

（4）九年级家长会非常重要，班主任会随时把中招资讯、考试内容和考生学习情况等反馈给家长，方便家长更好地把握孩子的情况，家长也应积极配合学校。

（5）中学发放的官方资料。

2. 信息搜集专员

（1）孩子期中、期末、一模、二模四次大考的成绩以及排名，看与往年中考相比是在什么层次。

（2）现阶段孩子的学习能力、知识结构掌握情况及心理素质，以判断未来的成绩走势。

（3）孩子是否能得到一定的政策性加分。

（4）本校往年同位次学生的大致中考去向，以便作横向参考。

[策略四] 给出建议

根据孩子一模、二模的成绩和高中录取线来划定学校范围，并且注意要留有一定的余地。报志愿之前，一定要与班主任和主要任课老师沟通。因为老师最了解孩子的状态，如孩子是发挥型的，志愿可以报得高一些；有些孩子心理负担比较重的，则可以相对保守一些。

[案例1] 陪考

9月份开学前，依然的妈妈选择了辞职，打算全程陪考。尽管依然并没有这样要求，爸爸也不同意，但妈妈还是做了这样的决定。在她看来，只要依然能上一个好高中，一切都是值得的。从此，依然生活上的一切都被妈妈包办了，连爸爸也要靠边站。在这近一年的时间里，妈妈起早贪黑，关怀备至，一心一意陪考。尽管如此，依然的成绩并不出色，这让她感觉十分愧对妈妈的付出。

没有父母不希望孩子前途光明，事事走在人前，但是每个孩子性格不同，天资各异，很难完全达到父母的要求。更何况，中考本就是选拔性考试，本身就有一定的难度。

竞争的增强，导致不少考生和父母的期待值增高，影响考生的心理健康。调查发现，与低期望值的考生比较而言，期望值过高的考生容易出现焦虑、敌对、恐惧等心理问题。当父母的期望过高时，孩子会产生心理压力，如果他们没有达到父母的期望，就往往会产生一种挫败感。

在很多家庭中，面对中考，父母表现得比孩子还要紧张，陪着孩子熬夜，无微不至地照顾孩子的生活，帮孩子选学校，替孩子填志愿。只是，这样做的效果并不见得就很好。有的孩子对父母的过度关注、包办代替极为反感；也有的孩子跟依然一样，愧疚给父母带来了新的压力。

[案例2] 在他人眼里，我的父母只是平凡的教师，而对于我，他们的点点滴滴却足够让我受用终生。他们对我的教育，让我拥有了端正的学习态度，学会了自制，懂得了勤奋。他们在生活中为我树立了榜样。父亲曾经对我说，无论做什么，都要无愧于心。他们不用言语，只用实际行动，用生活中的点点滴滴影响着我、感召着我，教会我如何学习、如何做人。

父亲是一个勤奋、追求上进的人。数学专业毕业的他，自学英语，已经能够做到双语教学、进英语聊天室聊天等。他每天那高涨的学习热情让我深有感触，也在潜移默化中感召着我更加勤奋地去学习。

他们充分理解我，是我的精神支柱。毋庸置疑，备考冲刺是辛苦的，甚至在某种程度上是痛苦的，我难免会出现情绪的波动。这个时候，父母的一个小小的鼓励或者安慰，都有助于我平复心情，更好地学习。

学得烦躁时，他们耐心地听我发牢骚；考试考砸时，他们细心地安慰我。父母能做的或许只有这些，但这些却足够让我感受到父母无微不至的关爱，感受到在我背后，有两个强大的精神支柱，助我在备考之路上，坚持，坚持，再坚持。

通过这个案例可知，父母要打好"太极"，接住孩子的出招，将其转化为积极的能量，再推回去，做好"定海神针"。

主题五

如何帮助孩子缓解考试焦虑（选修）

【课例简介】

    学生考试前紧张、焦虑是一种很常见的现象。面对孩子出现的各种表现，在做好自我调整的前提下，家长如何有效地帮助孩子缓解压力、减少紧张感，是本课探讨的话题。

【教学目标】

    面对学生成绩的起伏，家长需要平常的心态和有效的辅导方式。本课通过具体的分析与实际操作指导，让家长掌握有效的方法，帮助孩子缓解考试焦虑。

【授课对象】

    中小学生家长。

【教学过程】

一、为什么会焦虑

（一）家长篇

    有学者提出这样的观点：蒸汽机时代来临，变革了生产方式，人类焦虑了几十年；电动机时代来临，再一次变革了生产方式，人类再一次焦虑了几十年；当前，信息、数据、人工智能时代的来临，人类再次陷入了焦虑期。当前是人类历史第三次焦虑期。焦虑的来源在于这种巨大的变化，带来的直接感受就是一切的不确定性。

此前我们对孩子的人生轨迹基本上有一个预期，但是现在社会变化得太快了。包括对于将来，到底什么样的孩子才能够更好地适应这个社会，大家心里都没底，所以，这让大家特别焦虑。

我们必须强调教育的有限性，不能强迫教育去解决社会结构的问题。社会结构决定了教育制度，教育很难去解决社会的根本问题。正确认识教育的限度，才能明确教育的真正作用。教育使人安其所、遂其生，奠定一个社会内在的秩序与团结，不应该被异化为利益分配的工具、阶层逆袭的杠杆。

如何突破焦虑的怪圈？不妨尝试下面几种思维转变：

（1）学以致用——用以致学

居里夫人和牛顿学什么专业？从事什么职业？对以前的很多经验、很多路径的依赖和习惯，也许在今天挑战的面前，都要被重新思考。我们发现：人是被问题激活的。以个体的生命历程为纬，以真实的生活空间为经，在一个个迫切且具体的问题的解答中不断积累成就，因此，终身学习已经贯穿人的一生，学习成为终身的操练，不再只是青少年的前期装备。

（2）人力资本——人格资本

之前，我们相信"人力资本"这样一个概念。它更多地看你学什么，你能做什么。今天，我们相信的是"人格资本"这个概念，它更多的是看你是谁，告诉我们你的故事，用你的履历呈现一个立体的你。你是谁决定你能做什么，其更多的是你的驱动力、进取心、个人特质和个人兴趣。有非常敏锐的观察力，明白在什么场合可以非常微妙地融入进去，不卑不亢，得体，这是教育中育人的部分。其实，教育中最难的，远远不是知识的习得，而是人性的培养。人格资本的内涵不只在于文凭加核心技能，还是一个自我、权利、社会资本与地位冲突等多重逻辑的建构。

（3）客观标准——主观感受

注重体验，即主观感受，淡化主观、横向的成功标准，在对差异的承认与尊重的基础上，肯定每一个人的进步。教育最重要的功能是认识自己，自知者明，自胜者强。在内省的个人目标和社会标准之间，选择前者。

教育有它独特的功能，教育培养人性、安顿人心、奠定社会基本秩序。教育是专业领域。如果教育不再有专业的门槛、专业的权威，而成为一个各种力量均可博弈的场域，如果听任各种舆论、意见，各种冲突的民意，只会把教育内部的逻辑搞乱，把我们家长的内心搞乱。

（二）学生篇

1. 心理控制源

因为父母的焦虑会经常表现出给孩子过多的压力，以及表现出好像这个事情做不好就大难临头一样。这样很容易把焦虑传递给孩子，让孩子也觉得是不是自己以后也会经常出问题。

假如父母过于焦虑，经常判断错误，会把一个小的威胁当成一个大的威胁来应对，把生活中更重要的事情给忽略掉了。举个简单的例子，就是会过多看重那些可以比较的指标，比如，孩子的成绩高低或者钢琴弹得怎么样；不可比较的指标就会被父母直接忽略掉了，比如说交朋友的能力，这个对他将来的发展至关重要。

2. 考试动机和自我期望

高中生自我意识逐渐增强。随着年龄的增长和知识的增加，孩子对当前生存的竞争、择业的竞争已有一定的认识，同时也能感受到目前的学习成绩会直接影响到将来的竞争力和发展机遇。但是，他们的这种自我意识有时候又不明确，容易对自己的能力估计过高，这样就容易导致自我期待过高。这种过高的期待会使得高中生对一些重要的考试过分看重，因此会过于担心考试失败带来的可怕后果，从而造成情绪高度紧张、焦虑。

3. 知识准备和应试技能

如果考生没有扎实的基本功，对考试的难度和自己掌握知识的程度没有足够的认识，考前没有合理安排好复习计划，准备不充分，盲目应试，再加上对自己的期待过高，在考场上就会紧张。

二、考试焦虑表现

在考试之前、考试过程中或考试之后出现的生理或心理反应，导致学习效率降低，阻碍考试正常发挥，影响身心健康的不良情绪就是考试焦虑。考试焦虑的学生在考试之前、考试过程中、考试之后会出现如下反应：

（一）在考试之前

第一种，只顾发愁，自己整个人都被忧愁吞噬了，书看得少，题做得少，但忧愁一点儿都不少。焦虑是压力前的最常见情绪。

第二种，情绪是没劲，或者说惰怠。不想学、学习没动力，这实在是轻车熟路了。也有的出现各种逃避行为（拖延、逃学、上网等）。

第三种，有压力，就是紧张，出现心神不宁、失眠健忘、无故愤怒、腹泻、发烧等症状。

（二）在考试过程中

进考场之前提心吊胆、惶恐不安、频频上厕所，有的还因过度紧张而忘记带考试所需的证件、文具等；进考场后心慌气短、呼吸急促、浑身出汗、大脑一片空白、思维肤浅、判断力下降、看不清题目、看错题目、丢题落题、手脚冰凉、手不听使唤、发抖、动作僵硬、出现笔误等。

（三）在考试之后

由于考场上发挥不好，陷入惋惜和自责之中，不能从考试的状态中解脱出来，直到考下一科还在后悔上一科不该错的题，影响了其他科目的考试。有许多高度考试焦虑的学生高考结束之后也并不轻松，不敢出门，不愿见人。还有严重者长时间闭门不出，导致抑郁、自杀等意外事件发生。

三、如何帮助孩子放松

（一）正向的语言引导

考前紧张非常常见，父母往往会告诉孩子别紧张，但这却是"正确的废话"。不说倒好，说了只会让孩子更关注自己的紧张，越告慰自己别紧张、越紧张，就越好像打开紧张开关，一发不可收拾。放松和别紧张，二者有点区别：我不带上那两字，不提醒你紧张，我说放松、放松，你自然放松；更重要的区别是，他们只让你别紧张，可没有教给你方法，而我教你如何放松，这些方法简单易学。

1.腹式呼吸

紧张的一个明显的生理症状就是心慌气短，此时做几个深呼吸，立刻能缓解。因为心慌气短就是心跳加快，呼吸变得急促，就是交感神经兴奋。而做深呼吸是副交感神经兴奋，立刻就把它抑制了，既简单又管用。做几个深呼吸，不但呼吸会变均匀，心跳也会减慢。

2. 数数

数数其实就是让你的意念集中，排除杂念。怎么数？最好数自己的呼吸，让呼吸慢下来，数数也慢下来，每喘一口气，数一个数，1—2—3—4—5—5—4—3—2—1。这么反复数，慢慢就入睡了。如果把数字不停地数下去，数到几万几千，当然会越数越兴奋，越数越着急。数来数去就用五个数，既不用脑子，也不会着急，慢慢就静下来了。

3. 接纳失眠

如果躺下睡不着，不要老翻身，要平静地面对。既来之则安之，没有睡着就没有睡着，人有时候是会失眠的。特别是青少年，偶尔的失眠不太会影响第二天的状态。有时，很多人说整夜睡不着，其实断断续续还是睡了一会儿，只不过迷迷糊糊睡不实而已。人的潜能很大，偶尔一夜不睡觉，对学习不会有太大影响。

主题六

如何帮助孩子设立目标（选修）

【课例简介】

从孩子呱呱坠地到走向社会、独立行走在这个世界上，父母是需要做好顶层设计的。如何规划好孩子一生的发展方向？如何帮助孩子做最好的自己？本课例用真实的教育故事，向家长们阐述了家庭教育的核心内容：在不同阶段，要和孩子一起设定人生目标。当然，目标的设定需要尊重孩子内心的想法，需要结合孩子的能力和兴趣，不同年龄阶段需要设定不同的目标，并且目标设定后是可以修正和完善的。只有既能让孩子追随自己的内心，又能将孩子的梦想与国家伟大复兴结合的人生目标才是最有价值的。围绕如何设定目标，如何帮助孩子实现目标，本课例展示了详细的操作步骤。

【教学目标】

引导家长、学生掌握先进的家庭教育理念，树立明确的人生规划意识，并让家长和学生熟练地掌握与孩子共同规划人生的操作步骤，约定共同执行。

【授课对象】

初中生及其家长。

【教学过程】

一、导入

亲爱的各位家长朋友、同学，大家好！

首先，我们来看一个视频，主题是"招聘会"。

看着这些风雪中排长队去求职的年轻人，同学们一定会联想到自己，家长们一定会联想到自己的孩子：若干年以后，我们是不是其中的一员？读书最终的目的是走向社会，做一个对社会有用的人。我们怎样在每年人山人海的大学毕业生的求职者中脱颖而出？我们现在该怎样准备才能在走向社会时成为受欢迎的人才？

今天，我们共同来做一件十分有意义的事情——设定一个中、短期人生目标。

提问：亲爱的家长朋友，您的孩子是否告诉过您，3年后他想读哪所高中？6年后他想读哪所大学？10年后他想从事什么职业？请大家举手告诉我。谢谢！（统计人数）

对于已经和孩子谈论过这个话题的家长朋友，我表示衷心的祝贺，因为您的孩子有了明确的目标，他已经在为自己的理想奋斗了！对于还没有谈论过这个话题的家长朋友，我也要祝贺您！因为，今天您的到来，也许会改变孩子乃至整个家庭的命运。

下面我们来做一个活动。请大家闭上眼睛，想一想：家里的客厅有哪些红色的物体？想得起来吗？（统计想起来的人数）

你的眼睛在看什么呢？你的眼睛在哪里，你的资源就在哪里。你的心在哪里，你的目光就会投向哪里。如果你不喜欢这里，即使有你可用的资源，你也会熟视无睹。

孩子也是这样，有目标有理想的孩子，人生会大不一样。因为凡事预则立，不预则废。

谢谢大家的配合。下面我跟大家分享一个网瘾少年和他妈妈共同成长的故事。

二、案例分析

来自一位妈妈的自述：

我也曾是一个七年级学生的妈妈。不过，那时的我却是一个极不合格的母亲。我对已经上七年级的孩子没有明确的教育规划，只顾埋头挣钱养家，忽略了处于青春期孩子的心理需求和情感需求，最后我的儿子从优异生变成了一个网络成瘾、冷漠、厌学、成绩很差的学生。更可怕的是，孩子为了打游戏，晚上11点多偷偷溜出去，到凌晨4点才回家，以致白天趴在课桌上睡觉，作业不做，成绩一落千丈，身体机能也严重受损。因为忙碌，也因为没有和儿子共同设定人生目标，所以，那段时间就成了我和孩子一生中最黑暗的日子。

就是在那个时候，我意识到了自己作为家长的失职，也曾为自己跟孩子矛盾重重、无从下手改变孩子而烦恼不已，怎么办？是放弃吗？让孩子从此变成网瘾少年而荒废人生吗？决不！思考良久，我和孩子静下心来共同确定了一个短期目标，同时开始了跟老师联手挽救孩子的持久行动。每天，我都会跟班主任通5次电话，严格掌握孩子的行踪；每天，我都会抽出30分钟跟孩子谈谈心里话；每周，我都安排好与儿子共同活动的时间，如去敬老院看望孤寡老人，一起阅读《假如给我三天光明》《爱的教育》等世界名著，一起打羽毛球、乒乓球……经过好长一段时间的沟通，我和孩子的心灵终于靠近了。他告诉我："妈妈，你之前每天都在忙工作，回到家还要批改作业，没有时间理我，我觉得好孤独，一不开心就想去打游戏。"为了转变孩子，我在这段时间阅读了很多家庭教育和心理学著作，在学习中，我慢慢改变了自己，同时也影响了孩子。中考时，儿子给了我惊喜：考取了理想的高中。后来在高中也比较平稳，顺利进入了大学。在送儿子读大学的前几天，我们俩又静心思考，设定了一个四年目标、八年目标及今后人生发展目标。本科毕业后，儿子按照我们设定的目标申请了瑞士的大学，在那里取得了硕士学位。2014年4月，他又顺利考上了英国的牛津大学物理学博士，因为心中一直有个要创办企业的梦想，他放弃了博士录取，去了上海工作。两年之后，他放弃了市场总监的高薪工作，开始了创业。为什么他做了这么多常人无法理解的事情？因为在他心中，一直有一个目标：他想创办一家全球500强的企业！2017年7月20日，因为他在悬浮科技方面的锐意创新，登上了2017年福布斯中国30岁以下精英榜。

三、目标的意义及目标的确定

观察案例中这个儿子28年的生活、学习、工作的历程，我们可以发现一条规律：人生什么时候有目标，人生什么时候就能顺利发展。孩子什么时候持之以恒为目标不懈努力，他就什么时候得到社会乃至全世界的认可！真可谓天道酬勤，目标决定人生！

各位家长朋友，亲爱的同学们，从这个儿子的成长历程中，从一些跟踪实验中，我们都知道，目标对于人生而言，犹如灯塔对航船一样重要。在人生的整个旅程中，有目标的人，比那些彷徨失措的人，起步就领先了很多。

那么，我们怎样来设定自己的人生目标呢？目标是不是定好了就不能改变呢？是不是一开始就要设定一个25年目标呢？我们先来看看一位家长和他的孩子共同设定的四次人生目标。

（一）目标是分阶段来确定的

1. 孩子在10岁时定的目标

在10年内我想：考上市重点中学，进我想进的大学，考过英语六级。我会为我的目标不懈奋斗！

2. 家长最大的愿望

我要给孩子创造一个和谐宽松的家庭气氛，让孩子能快乐地生活、学习，我正在努力实现。我要言传身教，给儿子树立一个榜样，我自己也要拼命学习！——从2月份开始，我报名参加了第三门外语——日语的学习课程。我相信耳濡目染的儿子会深刻领会母亲这颗自强不息的奋斗之心的！

家长和孩子共同设置明确的奋斗目标。终生奋斗——这是我的人生目标，儿子近期目标是考上一流高中！

既志存高远，又脚踏实地。目标确定之后，家长必须花一部分时间抓牢抓实孩子每一天的学习情况，同时又要合理控制他的作息时间，让他劳逸结合，精力充沛。

3. 孩子在16岁时定的目标

"老妈，以后的某个时候，在我考取了一流的大学、积累了良好的人际关系后，我肯定会成功的，愿那时你与我同乐！"

4. 孩子在18岁时定的目标

4年内：在大学争取到助学金、奖学金。学好自己的专业，争取在学生会里担任职务，有机会的话争取学生会主席的位置，培养自己各方面的能力。考过雅思、托福、GRE，同时打好英语听、说、读、写的基础，为出国留学并申请国外大学奖学金打好基础。

8年内：申请到国外名牌大学的奖学金，并在所学专业的基础上加修一门MBA课程。

未来发展方向：以专业技术为基础，向复合型人才方向发展，以一个跨国公司CEO的标准严格要求自己。在大学里面一定不能放纵自己，适当地玩可以，但一定要控制"度"，时刻用自己的目标和理性来约束自己。

（二）目标是可以不断修正的

在初定目标时，很多孩子对自己擅长的和感兴趣的了解不深，有可能会定出不太合乎实际情况的目标，这没有关系，我们可以在不断地实践中慢慢调整自己的目标。

（三）家长怎样和七年级学生共同设定目标

1. 先了解孩子的性格特点和职业兴趣。

2. 根据孩子的实际情况确定阶段目标。

3. 确定各学科具体的成绩目标。

4. 初步确定未来职业目标。

四、家长该如何帮助孩子实现人生目标

1. 建立良好的亲子关系。

2. 和孩子共同设计自己和孩子的中长期人生发展目标。

3. 营造良好和谐的家庭氛围。

4. 培养孩子抗挫折能力，注重孩子反思能力的培养。

5. 采用正确的沟通方式。

（1）积极倾听；

（2）正确引导；

（3）适时闭嘴；

（4）采用书信形式表达意愿；

（5）家长认真学习，不断提高家庭教育素养和综合素养；

（6）家长与学校统一教育思想，形成教育合力；

（7）家长与家长之间增进了解和互动，结成互助小组。

舒伯是生涯辅导理论的大师，他认为，人的职业生涯发展分为五个阶段。

1. 成长阶段（0~14岁）。经历对职业从好奇、幻想到兴趣，再到有意识培养职业能力的逐步成长过程。这一阶段被分为三个成长期：

（1）幻想期（10岁之前）：儿童从外界感知到许多职业，对于自己觉得好玩和喜爱的职业充满幻想，会进行模仿。

（2）兴趣期（11~12岁）：以兴趣为中心，理解、评价职业，开始做职业选择。

（3）能力期（13~14岁）：开始考虑自身条件与喜爱的职业是否相符，有意识地进行相关能力的培养。

2. 探索阶段（15~24岁）。

3. 建立阶段（25~44岁）。

4. 维持阶段（45~64岁）。

5. 衰退阶段（65岁以上）。

七年级的孩子正处于职业发展的能力期。在这段时间里，如果家长能引导孩子进行各方面的能力培养，让孩子顺利过渡到探索阶段和建立阶段，那么孩子在走向社会时应该会是一个受欢迎的人才。

五、结束语

孩子的教养，拼的是父母的功底。孩子的起点，是父母的肩膀。教育孩子的好方法，是不断地给自己"充电"。勤奋好学、不放弃自我成长的父母是受人敬重的。我们可以活到老、学到老。

主题七

如何帮助孩子应对学习挑战（选修）

【课程简介】

　　八年级是一个转折点，本课将帮助家长了解八年级学生在学业上可能遇到的问题，指导家长综合运用三种心理学原理，帮助孩子成功度过八年级分化期。

【教学目标】

　　指导家长了解八年级学习要求；帮助家长综合运用心理学原理，指导孩子成功度过八年级分化期。

【授课对象】

　　八年级学生家长。

【教学过程】

一、案例导入

　　迎迎在小学时的成绩都是班级第一或者前三，七年级时的成绩也位于班级前列，各科基本上在90分，每次都考得好，英语可以考满分。到了八年级后，数学第一次考89分，后面几次则考了70多分、60多分。妈妈就意识到要干预、要管，立即跟她提出要多做题，但迎迎没有执行。现在，妈妈很着急。

二、了解八年级学习要求

　　八年级的教学内容和以前相比有一个显著的变化，就是思维方式从以"形象思维"为主变成了以"抽象思维（逻辑思维）"为主。八年级的知识量是非常大的，不努力很难学得好。想要取得好成绩，需要学生坚持不懈地学习，但部分学生缺乏意志和毅力，而且怕吃苦，就会很容易产生应付的心态，学习不扎实，成绩就会下滑。那么，家长可以怎么做呢？

（1）区分主次轻重。语文、数学、英语、物理要作为重点学科来安排学习。

（2）合理安排学习时间。早晨，人的记忆力最好，适合读英语，记单词，背古诗词、课文。白天的自习课，安排给数学、物理，这时候解题效率会高一些。晚间复习时切忌打疲劳战，可以听听音乐，做一些不太剧烈的室内运动，放松自己的心情，学习效率会有很大的提高。

（3）做好听课准备。带着兴趣、带着问题、带着目的听好每一堂课。

（4）重视练习。学习，"习"的作用决定了学习结果是否有好的成效。每次听完课，根据自己的学习能力和学习水平，有选择性地做一些相关的习题。

三、学科要求

1. 语文

作文方面，要多阅读，写不出作文的原因大多是阅读量太少，要积累作文素材，做个有心人。阅读方面，现代文阅读要求多练，培养对句子的感悟与推理能力。经常进行这种练习，考试时看到问题就自然而然地知道从哪方面去想。文言文阅读要掌握课本中实词、虚词的各种用法，同样要常练，才能有量变到质变的效果。把自己的答案和标准答案进行对照，找区别。

2. 数学

提前预习，带着问题走进课堂，能让你的学习事半功倍。练习方面认真完成作业。改错方面收集你的错题，并写清错误的原因。

3. 英语

准备好错题集。每次练习或考试后，应该把自己做错的具有代表性的题目抄下来或剪下来，收集汇编。平时和临考前翻看，加深印象。重视阅读理解能力的培养，平时可以看看课外读物，或者看看一些有趣的国外新闻。养成朗读背诵的习惯，朗读背诵既能形成语感，又能培养理解能力，为说、读、看及英语写作打好基础，这也是提高英语水平的根本方法。

4. 物理

听讲与自学相结合。课前进行预习，上课认真听，积极思考。重视实验，勤于实验。在做实验之前一定要弄清楚实验的原理及步骤，注意观察，做好每一个实验。

四、解决怎么做的问题

北京大学心理学硕士武志红在他的一本书中记录了高中的故事。高二下学期，他考了全班第29名，按照这个成绩，连一般大学都考不上，当时决心自学化学，力求不放过一个知识点，同时也买了一本很好的习题集，学得非常投入，结果期末考试，他的化学成绩是全年级第一名，总成绩是全班第11名。这是重点突破。

进入高三后，他将物理当成第二个突破口，两个月后，在高三上学期的期中考试中，物理成绩也取得飞跃，接近满分，那是高一以前的物理最高分，同时，化学成绩仍然位于年级名列前茅。到了高三上学期的期末考试，他的数学成绩也有了巨大的进步，高一没打好底子，同桌建议他从高一开始扫漏洞，力求不放过任何一个难点和疑点。化学和物理的学习是这么做的。在攻克化学和物理时，他一直将数学当作第二重点，做好了持久的准备。经过半年的努力，扫漏洞工作终于结束，在高三下学期，他的数理化在班中排名前列，整体第19名，证明下苦功夫有效。这是由点到面，逐步突破。

心理学上有一个名词：自我实现预言。意思是，如果相信自己行，你最后就能行；如果怀疑自己不行，你就会退步。武志红在书中这样写自己："以前，最好的成绩也是全班第11名，但各科成绩平均，没有一个优势科目。我给自己的定位一直是，我是一般好的学生，那些优秀学生一定有很多地方比我强，是我难以超越的。我跟班里的所有成绩优秀的男同学关系都不错，在他们面前，我一直有一种自动思维，他们比我强。这次的化学成绩改变了我的自动思维，我发现，我可以比他们强。"

按照自我实现的预言理论，这种信念就相当于改变了武志红的预言。以前，预言自己不如优秀学生，结果这个预言实现了；现在预言自己会比他们强，而接下来，这个预言开始逐步实现。

预言要有基础，简单说来就是，如果抵达过某种境界，再做这样的预言，你自己就容易相信。在化学成绩上取得了年级第一，由此开始憧憬其他科目也去争取类似的成绩，这种憧憬是能实现的。

现实中，八年级的学生不一定能够拥有武志红的学习毅力，但是他的方式却可以给我们启发。如何帮助八年级学生再进一步？这里介绍一个"三方支持法"，参与者有学生、家长、教师。

首先，在某一次阶段性考试后，三方分别就孩子的某一科做如下分析，并以书面形式呈现：

（1）哪些方面做得好？

（2）要鼓励和支持学生做得好的那些方面，需要怎么做？

（3）哪些方面做出改进会更有益？

（4）要支持这些改进，需要做些什么？

然后，再召开三方会议，一起讨论支持行动计划和措施。

（1）开会时对每个问题逐一进行讨论。

（2）孩子先说自己哪些方面需要改进，老师和家长认真倾听。

（3）一起头脑风暴，提出为鼓励和支持学生需要做的事情。

（4）让孩子选择：哪些建议最有帮助。

通过这种方式，学生感受到的是支持与鼓励，是团队作战而不是孤军奋战，同时有自主的选择权，也有承担相应责任的义务。家长通过突破一科，先帮助孩子走出学习舒适区，实现新的自我定位。

五、应用元认知策略

对于中学生来说，制订学习计划，根据计划对自己的学习情况进行监控和调整是一种非常重要的能力，即心理学中的元认知能力。由元认知能力引申的元认知策略，对中学阶段的学习非常重要。

元认知策略是学习者对自己认知过程进行计划、监控、调节、评估等的策略，简单来说就是计划或学习方法。元认知策略是学习策略的一种。中学阶段是元认知策略发展的关键期，元认知策略发展的好坏极大地影响中学生的学习。

有研究表明，到了中学阶段，学业成绩和简单学习策略（如复述、背诵）相关不大，而和元认知策略呈显著正相关。即中学生使用元认知策略的水平越高，成绩越好。

计划是整个元认知策略的基础，在学习中占有非常重要的位置。计划策略是根据认知活动的特定目标，在一项活动之前进行具体活动策划。例如，预测完成作业需要多长时间、制订考试复习计划、制订学习计划等。一个完整的计划策略大致包括预测结果、确立目标、决策分析、有效分配时间、拟定细则等环节。

计划是自主学习活动的起始环节，决定着学习活动的效果。计划策略是其他元认知策略的基础，在整个元认知策略中占有非常重要的位置。没有计划，也就谈不上监控和调节。

中学生自我监控能力较弱，需要重点发展监控策略。监控策略是指在认知活动进行的实际过程中，根据认知目标及时反馈认知活动的结果，正确估计自己达到认知目标的程度、水平。例如，考试时监控自己做题的速度和时间。

监控帮助学生在学习过程中不断主动地进行自我反馈，及时发现问题，从而做出相应的调整，减少学习的盲目性和不合理性，有利于学习效率的提高和学习效果的改善。但是中学生的自我控制能力较弱，缺少主动监控的意识，也缺乏监控自己完成学习任务的毅力。因此，对中学生来说，监控策略是元认知策略中相对不容易形成的策略，需要重点培养。

中学生辩证思维能力提高，自我调节能力就能得到发展。调节策略是指根据监控的结果，找出认知偏差，及时调整或修订目标。例如，在做阅读或不熟的材料题时放慢速度，考试时跳过某个难题先做简单的题目，等等。调节是监控的下游行为，在监控的基础上调节，选取最佳的学习方法，对学习要素进行合理配置。中学生辩证思维能力提高，能够在发现问题的时候及时进行调节，从而使学习方法更灵活、学习效果更好。

计划、监控和调节三者相互联系，成为一个整体，影响中学阶段学习活动的效果和质量。

八年级是学生学习的关键时期，是初中的重要转折期，在元认知策略的应用上，主要应做好以下两项：

1.安排好常规学习时间和自由学习时间

学习时间可以分为两个部分：一是常规学习时间，主要用来完成当天老师布置的学习任务，消化当天所学的知识。二是自由学习时间，指完成了老师布置的学习任务后所剩下的时间。这部分时间一般可以用来查漏补缺或提高。学习较差的同学，随着学习水平的提高，常规学习时间逐渐减少，自由时间逐渐增加。凡是体会到因为抓住了自由学习时间而给学习带来好处的学生，就会努力去提高常规学习时间内的学习效率，以便增加自由学习时间，使学习的主动权越来越大。

2.看教科书和做笔记

（1）看教科书。尝试回忆后应从头至尾地看教科书，要一边看书，一边思考。因为这时已不是初次看书，而是在预习、听课和回忆的基础上进行的，所以可以全面过目，重点思考，要在那些回忆不起来、思考不连贯、理解不深的地方多花些时间，直到彻底弄懂、记住为止。看书时，可用彩色笔把书上的重点、新概念、关键且容易忽略之处勾画出来。在书的空白处，可以记上一些自己的简要体会、高度概括课文内容的语言，以及有利于记忆、带有提示性的语句。如果书上写不下，也可以写在一张纸上，贴在书眉或页脚上，以便今后看书时，从这些地方迅速得到启示，回忆起书中的主要内容和关键之处。

（2）整理笔记。主要是把上课时未记下的部分补起来，把记得不准确的地方更正过来，把次序颠倒、逻辑顺序不对的地方整理一番。笔记的内容应当简练明白，提纲挈领，详略得当。

第四章　中小学家长教育三维课程在家庭中的应用

◎ "身心了解"课程的家庭应用案例

◎ "教养方式"课程的家庭应用案例

◎ "学业支持"课程的家庭应用案例

第一节 "身心了解"课程的家庭应用案例

[案例1]

小东妈妈发现青春期的孩子成长迅速，于是结合自己对青春期的理解和认识，给孩子写了一封家书。

儿子：

现在你的个头已经比妈妈高了，许多事情，妈妈需要你的帮助才能完成。如收衣服，对于你来说是举手之劳，可对我来说如同跳高运动。再过一些时间，你的身高还会超过爸爸，到时我们就只能仰视你了。这就是成长的神奇。

当然成长也会伴随着烦恼，比如，青春期的孩子可能还会出现叛逆、对抗、容易挑刺、情绪易偏激等情况。最突出的表现就是对抗大人，可能是老师，也可能是父母。他们容易去挑出别人的毛病，以证明自己才是对的。

他们实际上是表面充满力量、内心力量不足的矛盾体。青春期一方面追求独立，另一方面在事实上依然依赖。他们看到了自己独立的部分，却忽视了依赖的部分。

爱你的妈妈

[案例2]

小毅的家长发现正在读七年级的儿子有喜欢的对象，并在 QQ 上看到他已经用悄悄话跟那个女生表白了。某一天，儿子通过一个男同学去这个女生家，根据班主任反映，班上其他同学也知道这件事情，有时还会起哄。面对这种情况，小毅的家长联想到家长课上介绍过的青春期的孩子会有自主意识、性意识的觉醒，孩子有这样的行为表明其正常成长，但也要关注。但具体怎么应对，心里还是不太清楚，于是向老师请教。

在老师的指导下，小毅的家长更清楚了这些现象说明孩子的青春已经萌动，对异性同学产生了接近、交往的需求，这是成长的表现。但毕竟是七年级学生，需要进行更加智慧和科学的引导。.

1. 近段时间多跟儿子聊聊天，多关心他的心情，比如，"人逢喜事精神爽，妈妈细心地发现，儿子你这段时间的心情好了很多，妈妈让你做的事你也能愉快接受，有什么高兴的事跟妈妈分享吗？"不要直接聊那个女孩，而是先融洽母子关系，获得儿子的信任，他自然更愿意说出心里话。

2. 找一些有类似经历并能很好地处理男女同学关系的文章，与孩子共读，请他提出想法。这是前期工作，后续要引导儿子将事情与自己联系，再有针对性地对儿子开展引导工作。

3. 跟孩子讲讲故事，可以讲自己的或者他爸爸读书时的情感故事。最好在轻松的气氛中完成，看起来像闲聊，不是专门的教育，主要传达两个方面的人生经验：一是喜欢某个人很正常，二是喜欢并不等于要谈恋爱，在这个年龄，把喜欢转化为友谊更有意义。然后看看孩子的情况，找个时间开诚布公地和孩子谈谈，如果孩子表白失败要给予安慰和鼓励；如果表白成功要提具体要求；如果孩子否认，不用对质，把你的要求提出来，态度坚决而温和。

[案例3]

和青春期的孩子相处，需要从心理、态度、语言、行为做转变，用平等、尊重的方式互动，但是，从知道到做到需要克服很多，也需要不断练习。下面是东东妈妈记录的自己把天聊"死"又聊"活"的过程。

东东妈妈周二外出学习一天，她打电话回家，却没人接听。东东平时12:30就到家，今天怎么了？已经上中学了，因为一些小事就找老师，这不太好。如果下午班主任没有来电话，说明他在学校，至于中午去哪里了，回家再问吧。

把天聊"死"了

下午回到家，才知道儿子因为忘记带钥匙，所以中午回不了家。他刚刚敲门我也没有听见，后来是他爸爸打电话来我才知道，孩子一进门就抱怨："我敲了两次，门都不开。今天真是倒霉透了！"

"通过今天这件事，你得到什么教训？知道以后要注意什么了吗？"我想正好让孩子领会自己做错了事情就要承担后果。

"当然是要记得带钥匙了。"儿子的回答带着不屑。

"走吧，请你吃饭。"

"不要。我要自己安静一下。"儿子挺坚定，这时我才发现儿子脸上写满了拒绝。

儿子不愿意跟我对话了，性格温和的他，用沉默来表达自己的不满。我在门口愣了一下，一堆道理卡在喉咙，以往我会滔滔不绝讲完。

换个话题

"儿子，先给机会让妈妈讲一句今天一早就想好的话，好吗？"我试探着问。

"说吧。"儿子有点不耐烦。

"儿子，你知道今天妈妈为什么要请你吃饭吗？因为今天是个值得庆祝的日子，今天是你顺利通过中学第一个期中考试的日子，这半个学期来，你通过自己的努力，在各方面都有很大的进步，成为一名合格的中学生，这是很值得庆祝的。"

"这也值得庆祝呀？"儿子抬起头，眼中带着一丝光。

"当然喽！你成长的每一个关键节点都值得庆祝，来拥抱一下。"儿子现在常常会对我做出要拥抱的姿势，但我真走近了，他却抱着自己，我假装受骗了，他就会很高兴。我也做这个动作逗逗他，效果不错，他居然笑了。

把天聊"活"了

"儿子，中午你去哪儿了？妈妈中午一共打了三次电话回家，一次比一次担心，但又不好意思麻烦老师，怕影响了你的名声。"

儿子告诉我，中午他回到家门口才发现忘记带钥匙，想到我吃完饭才回来，就一直坐在楼梯口等。估计等了半个多小时，还不见我回来，又担心楼上的狗下来，他就跑到小区门口茶叶店给我打电话。结果前面两次拨错号码，后面两次打通了，我却没有接。他又给爸爸打电话，爸爸也没有接。他很无奈，只能到教室里趴在课桌上睡觉。下午放学高高兴兴回家，结果敲门后又没开，他到小店打电话给我，我还是没接，幸好他爸爸接了电话。

"中午确实有两个座机电话号码，我以为是中介就没接。"

"妈妈，以后座机号码也要接哦。"

"好的，妈妈被骚扰电话弄烦了。要不我们做个约定，以后你给我电话，打两次，第二次我一定接，好吗？"

"嗯。"

"儿子，其实今天我也有错，但是出错不怕，错误是给我们学习的机会。从今天这件事中，我看到你不断在面对新的问题，也在不断寻求解决的办法，比如，去小店借电话，到学校午休。每次遇到问题，你都有办法！现在我们可以去吃饭了吧？"

讲道理的教育最无效，这句话很早就听过，但是我不明白为什么讲道理无效，我也没有觉察到。其实一直在讲道理，孩子通常以沉默来应对，我以为是孩子不服，结果要不就是变成大声训斥，要不就是各自走开。上一次孩子说的"你讲的都是对的，都是我不好"，这句话深深地刺痛了我。无数次的"把天聊'死'"，后果不仅仅是话题进行不下去，还是一次次地削弱孩子的自信，加深亲子之间的隔阂。从"心"沟通，重新开始，好在世界上最愿意原谅我的那个人就是你，我的孩子！

第二节 "教养方式"课程的家庭应用案例

[案例1]

家庭教养涉及家庭成员之间的互动，家长的性格、脾气、认知也会影响自身的教养方式。下面是小丽妈妈在家里观察的情况：

孩子爸爸很少在语言上表现出对我和孩子的关心。在家里要不看手机，要不看书，一讲话一般是训斥，偶尔开一下玩笑，但大部分交流都是不欢而散。爸爸极少单独带孩子，上幼儿园前仅有两三次单独带她到小区花园里玩，但都没有超过半小时。小学阶段，爸爸单独带她旅行两次，只要是两人单独相处，结果都是爸爸到我这里抱怨孩子的各种不足，孩子也会毫不客气与爸爸理论。随着孩子年龄的增长，两人冲突不断，我不断扮演调解员，但是始终没法真正解决问题。

家长培训后，爸爸就自己的问题也有感触，同时跟授课老师做了交流，回家后，自己反思道："老师说我表达啰唆，条理不清晰，没有重点，要求我每次在2分钟内讲完。最好把自己说的话录音，听听可以怎样改进，做到语言简练。但你总是顺着小丽，每次都是我指出她的缺点，我又不注意方法，总是当众训斥她，语言也强硬。这样会导致孩子和我的关系极差，也会让孩子失去正确的分辨能力。"讲这些话时，爸爸的表情是轻松的。当天晚上在饭桌上，孩子因为牙痛，只吃鸡蛋羹和饭，他没有训斥孩子，还关心孩子。晚上他多次主动喊孩子，招呼孩子坐到他旁边，一起看一个关于街边小吃危害的视频，两人还聊了羽毛球训练的事情。孩子跟爸爸相处明显自然融洽了，这个晚上两人没有发生任何冲突。

[案例2]

面对亲子关系中的矛盾和冲突，一定要冷静下来，完全没有必要正面相撞。"忍一时风平浪静，退一步海阔天空"这句话，在亲子关系中也非常适用，特别是针对青春期的孩子来讲，家长的情绪主导着孩子的情绪，家长退让了，孩子的情绪也就稳定了。一次，峰峰妈妈在跟孩子发生冲突后，写下了反思：

在面对孩子的种种问题时，我总是急于为他分析，想用讲道理、举实例说服他，滔滔不绝地说出自己的观点，引导他说时，也只是形式上、语言上做倾听的样子，心里却很少再做判断，最后还是让他听我的、信我的，按照我说的去做。其实，这种心态与方式跟他爸爸的差不多，只不过我常常用上一两句做样子。孩子有情绪，我总是急于去做他的思想工作，或者征求他的意见，以退让的方式帮他平衡，或者用自己强硬的语言和理论让他接受，总是想着在短时间内解决问题，调节不良情绪，营造一团和气的氛围。但是我却忘了尊重的本质，尊重孩子的情绪，就是要准许孩子有情绪、发泄情绪，不是一味地压抑情绪。今天早上我让孩子自己去经历情绪起伏的过程，去面对带着情绪做事所带来的后果，或许晚上他就把这件事忘了，若是晚上他再提起，我再跟他厘清早上的事情存在什么问题会更好。

第三节 "学业支持"课程的家庭应用案例

[案例1]

家长在孩子遇到学习上的困难时，需要通过观察、分析、诊断后，在孩子最需要帮助的时候，以他能接受的方式给予支持。清清妈妈就把帮助孩子的过程记录了下来：

八年级生物和地理会考前，清清说道，为什么很努力了，但还是没有怎么进步。我跟他说，主要是学习方法需要改变的问题。比如，这两天完成复习生物和地理，就会发现有些题目会反复出错。这一部分的知识如果不进行重点复习，后续可能还会错，所以这两科的分数也较难提高。重点复习的方式可以是读课本，梳理笔记，在相应的题目上做标记。昨天他重做生物发现，有标注的题目正确率高，没有标注的题目依然会出错。那么接下来，我们可以怎么做呢？

第一轮做习题时遇到不确定的题目先圈出来，然后查查课本、笔记，标注下来。错题，一定要标注，写下正确的思路，还要做归纳和分类。每一道题要看清楚涉及的知识点，想到这一个知识还可能考什么。如考维生素的作用，就可一并标注脂肪、淀粉等的作用，这样第一次标注是慢了些，但是以后做这类题能全对。

一开始这样做并不容易，要先慢下来，要刻意去做。努力仅仅是学习进步的一个方面，运用科学的方法才是学习进步的保障。

[案例2]

掌握学习方法需要通过长时间的练习，学习习惯的培养也是家长的主要任务。小小妈妈翻看孩子的地理错题，发现多数错在看图分析，于是以文字形式向一个亲戚提问，写着写着，发现一直在要求孩子要问，但是从来没有指导过他怎么问。于是，小小妈妈让孩子浏览这些问题和亲戚的回答，孩子很有收获。晚上，小小妈妈提笔给孩子写下了一段话：

儿子，记得你曾经评价过两位老师，一位是讲你不懂的，另一位是讲她懂的。是的，你也更认可讲你不懂的那位老师，那么你想，老师为什么知道你不懂呢？是不是你们之间有对话，你反馈的信息让老师知道你有哪些不懂？

不懂就问是很多老师常挂在口头的一句话。今天你在复习错题时，妈妈在问姐姐地理问题的时候发出感叹：啊，原来是这样，之前做这些有图的题目，都没怎么看题的。后来你根据姐姐的提示，自己整理了接下来要复习的要点，从中你肯定深刻体会到问问题的重要性了。

通过提问，我们首先要去关注自己哪个知识点不懂，还要表达出来，这个过程就是一个比较完整的思考过程，印象也深刻。然后与老师对话有时是直接问，有时是求证自己的思路为什么对，有时是分析自己原来的想法为什么错。最后再自己标注、总结。有需要的话，再找时间对应知识点涉及的内容进行阅读。其实这个过程就是研究了。相信通过这样的过程，能减少错误率。是吗？

晚上睡前，小小妈妈问孩子对今天的复习安排感觉怎样。他坚定地说，有用，我下周就按照今天这样的方式复习生物和地理。

第五章　中小学家长教育三维课程个案指导

◎ 孩子抑郁了，后果很严重

◎ 孩子咬手指，原因竟是这

◎ 孩子对学习没兴趣怎么办

第一节　孩子抑郁了，后果很严重

家长需要掌握孩子不同发展阶段的情况，孩子的身体、认识、个性、情绪等知识已经被很多家长了解，但随着困扰孩子的心理问题的出现，对于相应的一部分家长，还需要进一步了解心理疾病的状态、心理和行为，才能有效帮助孩子面对困难，走出困境。家长如果对心理疾病没有了解，会产生一些负面的认识和行为，不但没有帮助到孩子，反而给孩子增加了一定的压力。因此，帮助家长了解是指导中的关键环节。有了解，才有接纳。

一、基本情况

小丽，女，14岁，上九年级后逐渐情绪低落，兴趣下降，不想与人交往，易哭泣、乏力，懒散，严重时有消极念头，尚无消极行为，易烦躁，睡眠正常，食欲下降，其间短暂出现兴奋、自信、感觉特别有动力的状态。她主动就诊，被医生诊断为抑郁状态。复查两次，持续服药中。

小丽周一至周五6点多起床，7点多到学校，中午在校吃午餐与午休，下午放学后去补习班进行晚辅，晚上11：30左右被父母接回家，每晚休息时已是12点多。周一至周四小丽把手机交到父母手里，周五晚上拿回手机，周末两天小丽能自由使用手机。周末两天小丽基本不出门，天天待在自己的房间里。周末上午她基本上是12点以后起床，家人把饭做好后，多次喊她起床吃饭，她才起来，吃完饭又进房间关上房门，有时直接睡到下午两三点，也不吃早饭和午饭。九年级下学期开始，小丽自己买了一部手机，每周一早上起床就说身体不舒服，不愿去学校。

小丽中考一模成绩中上，优势科目是语文，这个成绩能上公立高中。小丽性格有些内向，比较腼腆，不主动与陌生人交往，朋友也少。小丽在校玩得好的同学不多。她比较重感情，在辅导班有一个比较谈得来的同学。

二、家庭情况

小丽、爸爸、妈妈、爷爷居住在一起，小丽姐姐在外租房自住。

妈妈觉察自己非常唠叨，她一想到丽丽要中考了就很紧张，也不知道小丽能不能考上高中，特别是看到学校老师布置作业等信息，就会去催促孩子。爷爷看到孩子早晨不起来，去叫孩子起床，敲门、敲窗，甚至从窗口爬进去叫孩子起床。平时，爷爷也会批评爸爸妈妈惯坏了孩子。爸爸和爷爷经常吵架，家里吵吵闹闹，姐姐认为无法在这个家里住下去，所以自己租房子搬出去住了。小丽经常跟妈妈说："你们做的事情都让我很有压力，你们是用道德绑架我。"小丽有时会跟妈妈说"反正学不好，不要管我"，有时又会说"我觉得我挺好，其实你们不用帮我，我自己都能够走出来"。她在跟妈妈互动的过程中，总是会强调"妈妈，你是不懂我的，网上的人才懂我"，不希望妈妈管她太多。一家人有说有笑的生活场景，已经想不起来是什么时候了。近期一家人也没有一起吃过饭，大家时间凑不上。

妈妈反馈不知道该怎么跟小丽沟通，每次谈话小丽都很不开心，说给她很大的压力。因为妈妈跟孩子要不就是谈学习，要不就是谈她的身体。除了这些之外，就没有其他可谈了。妈妈对小丽的升学只有一个目标：一定要考上普高，不去职校，也不去民办。另外，妈妈还期待小丽的分数能提高二三十分，冲刺更好的成绩。在平时的沟通中，妈妈也会各种暗示，表示这就是对待正常孩子的标准和要求。另外，妈妈担心小丽可能会自残、自杀，纠结小丽现在的身体状态，担心停滞在现在的状态会影响前程。妈妈自身压力和焦虑情绪也在累积，甚至有时也会产生放弃自己生命的念头。妈妈拒绝接受小丽确诊抑郁和有自残行为的事实。妈妈对抑郁的认知也很少，仅仅听说过一些，甚至认为小丽不是真的病了，只是现在想逃避中考，逃避压力，逃避困难，所以才会有抑郁的表现，包括自残行为也只是想要挟妈妈。

妈妈分析其缘由，一是在学校师生关系不佳，七年级时小丽对班主任很反感，还向校方投诉过班主任；二是家庭氛围很压抑，爷爷经常会按自己的意志去念叨家庭成员，管束他们的行为，并且也用这种方式去要求小丽。所以，对小丽来说，她是承受了双重压力。

三、案例分析

案例中小丽被确诊为抑郁，开学两个月里，出现了断断续续上学的情况。小丽自己有求助意识，也有一定的主动行为，提出看医生。她大部分时间能够到学校，晚上到晚托写作业，配合服药，期望能跟医生多谈一些，主动请妈妈了解她的性格类型。但目前存在的问题是，家人从心理上不愿意承认这个事实，无法接纳小丽当下的状态，继续以对正常孩子的标准要求小丽，甚至还期望小丽在中考前通过冲刺，成绩提升几十分。这对于小丽来说，是几乎做不到的要求。家人基于这样的认识，怀疑小丽目前的状态，彼此增加了不信任的想法和做法。妈妈也由于高期待无法实现，对小丽当下的状态深感无力，产生严重的焦虑情绪，使家庭氛围进一步走向消极和压抑。对于家长来说，接纳非常难，但不接纳，孩子就难恢复正常。这种不接纳，来自当下的情绪状态，还有很大原因是家长对抑郁缺乏了解。对家长直接做工作，帮助她接纳当下的事实具有挑战性。认识抑郁孩子的状态，认识孩子所承受的身体和心理的考验，是帮助妈妈和其他家人接纳小丽和帮助小丽的开始。对这个个案的辅导，就需要从普及这方面的知识开始，在了解的基础上，才能进行其他方面的干预和指导。

四、指导建议

1. 了解疾病的状态

通过参加身心了解课程，了解特殊情况下的孩子身体和心理的特征和表现。结合小丽的情况，教师安排家长参加关于环性心境障碍和抑郁状态两节专题课。

环性心境障碍包括众多的心境轻度低落和轻度高涨。这种心境障碍，始于成年早期，呈慢性病程。这种障碍导致患者本人痛苦，患者也会产生生活上的负担，给生活带来一定的问题。患者有时会表现得十分开心，思维特别活跃，做事情特别积极，而且在社会生活当中会有可能出现轻度的鲁莽或者计划做大事的状况，但是总体不会影响社会功能。患者有时可能会出现比较自卑，甚至觉得每天都很痛苦的情况，但是相对来说不会有非常明显的自杀和自残问题，也不会有非常严重的抑郁症发作的表现。相对来说，患者可能在一年之内反反复复来回变化，但是中间也有可能有一段时间心情相对正常，也就是有一定的间歇期。在新的 ICD-11 诊断体系当中，环性心境障碍的问题已经是附属于双相情感障碍下的一种精神疾病。

在帮助环性心境患者时，需要考虑以下几点：

（1）尊重患者的感受：家人应该尊重环性心境患者的感受，理解他们对环境的热爱和厌恶，不要轻易践踏他们的情感。

（2）提供支持：家人可以通过陪伴和支持的方式，帮助环性心境患者逐渐适应和接受现实，缓解其负面情绪。

（3）提供正向建议：家人也可以向患者提供一些积极的建议，如去旅行、参加户外活动等，帮助他们逐渐适应环境。

（4）寻求专业帮助：如果情况比较严重，家人可以考虑寻求专业帮助，如心理咨询、药物治疗等。

2. 接纳孩子的状态

本课通过会谈的方式，带家长回顾上课内容，让他们了解抑郁症是一种疾病，而不只是一种情绪状态，了解抑郁症的症状与影响，以及治疗和管理的方法和相关方案。家长和孩子相互了解、信任和支持，对孩子的康复非常重要。

教师在与家长谈话时，不要指责他们，而是以一种平和、开放的态度与其沟通。要尽力表达对家长的关切，同时也表达对孩子的支持和关爱。家长也需要被安慰和鼓励，教师告诉他们抑郁症是一种可以治疗的疾病，孩子会逐渐恢复。

教师要与家长建立联系，并让家长理解其在孩子生命中的重要性，以免造成不必要的压力和恐慌。家长可以通过提供经济、感情和实质支持，以及充分赞赏和鼓励孩子，帮助孩子更好地应对抑郁症。不单孩子需要接受药物治疗，得到专业的关爱和治疗，稳定情绪，家长自己有需要也要向专业人员求助，获得支持。家长自身状态正常，孩子才可以在家庭生活中得到支持。

3.给予孩子支持

家长需要了解一些抑郁症患者的身体状况，并指导孩子进行适当的身体锻炼。维持正常的生活作息和饮食健康，有助于患者减轻病情，加强身体意志力和抵抗力。

抑郁症患者很容易感到孤独和无助，这时，他们需要一些社交体验和社交支持。家长要鼓励孩子参加团队活动、朋友聚会和社区活动，培养自信心，加强对生活的信心。

教师结合小丽的情况，启发妈妈的思考：如何看待孩子这种抑郁的状态？先认清现实，一边是对学校和家庭双重压力，一边是相对比较轻松的网络环境；然后表达对抑郁的认识，选择我们能朝哪个方向改变，再进一步分析要改变家庭环境，可以有哪些具体的行动。

第二节 孩子咬手指，原因竟是这

亲子互动中形成稳定的态度、行为与方式，构成了家庭特有的教养模式。每一个家庭都有自己特有的相处模式，对孩子成长产生影响，塑造着孩子的性格与气质。教养方式自我觉察比较困难，往往一个家庭会沿袭一种模式，这种模式对于家庭成员来说习以为常，往往也难以改变。

一、基本情况

小东，男，13岁，七年级学生。家长反映，孩子性格开朗，思维活跃，学习主动、上进，学习成绩也很好，喜欢打篮球、踢足球。

小东特别爱动，很难长时间安静地做某项事，比如写作业，十多分钟就要看一下电脑、手机，或者出去喝点水，但他作业完成速度也快。在学校，课间休息时他不做点事总觉得无聊，会跟同学一起把瓶盖和纸团当作球来踢，因此经常被老师批评。他很喜欢打游戏，打游戏时倒很专心，要是不打断他，可以玩很久。

他容易激动、发火，没有耐心。遇到父母和他意见不一致时，他很容易情绪激动，大声说话。他不愿意和父母讲学校发生的事情，父母问起来也只是简单说一下。他比较爱哭，很容易就掉眼泪。他喜欢抠或者咬指甲，手指甲和脚指甲都被他自己抠没了，导致甲沟炎。父母想了很多办法都无效。小东说他无聊就抠指甲。父母感觉他总是闲不住、坐不住，精力旺盛。小学三年级时，父母带他去看了心理医生，医生说没什么问题，看看孩子在家里是不是比较紧张。

二、成长经历

小东从小由父母、爷爷奶奶、外公外婆轮流抚养。他7岁的时候，妈妈生了二宝之后，保姆照顾过他，现在是姑婆照顾他。幼儿园阶段他没有出现过抠指甲的行为，上小学后他就有抠指甲的行为，有时不抠指甲就睡不着觉。他从小学开始，主要由爸爸管学习，爸爸对他要求比较严格。

三、问题追因

妈妈自述幼儿园时都还给小东剪过指甲，好像从小学开始，就没见他指甲长起来过，家里人也想了各种办法。医院的儿童心理医生诊断，从小东的评估表来看比较正常，请家长分析家庭成员是否对他要求太严格了。现在他的手指甲和脚指甲都长不出来，长一点点就被他自己用手指又抠掉了。前段时间这种情况比较严重，出现甲沟炎，有红肿化脓的情况。

爸爸是一个非常严谨有规划的人。爷爷奶奶没怎么管爸爸，读书这些事情都是靠自己。爸爸能力很强，读研究生、找工作，包括职业规划都是他自己做好的。

爸爸对小东要求比较严，要求小东按照他的说法去做，会对小东进行一些挫折教育。他觉得男孩子现在都太脆弱了，有时会打小东，语言上也会训斥小东。比如说，小东哪个题目做错了，爸爸就会比较重视，一定要帮小东把这个问题做会弄懂，还会花一些精力和时间讲解相关的知识让小东巩固知识。如果小东成绩不好，爸爸会说："你这考试成绩这么垃圾，以后怎么办呢？"对于成绩，爸爸觉得语文总分120，至少要考100分。小东数学很好，经常考第一、二名，偶尔考差，爸爸也会视试卷具体难度，跟他一起分析题目。有的题目确实简单，对于一些粗心大意的错误，爸爸会觉得这个错误就不应该犯。

爸爸很不喜欢拖拖拉拉或者没有规划的人，东西摆放乱七八糟、不整齐，他会特别在意，他认为这样做事影响效率。比如说，小东书房或者卧室的书、私人物品、衣服摆得不整齐，爸爸会说他、骂他，一定要他弄好了以后再开始写作业。爸爸就是要求东西都要摆得整整齐齐，看起来干净、整齐。

小东在幼儿园时，爸爸没打过他，上小学后被打得比较多。有时候爸爸看到他做得不对，可能就是一巴掌打过去，不管周围是否有人。

四、原因分析

心理学意义上的教养方式，是如何与孩子建立有效用的利他主义联系并提供行动范围，帮助孩子朝着自治的目标发展。结合小东爸爸的教养行为与小东的成长状况，对照教养方式类型分析，可以发现其是典型的控制型教养方式。爸爸基于自己的成长经验与生活经历，固于自己的认知和观念，采取没有弹性的一套规则来实施对小东的管教，他相信最优的方式是强制要求，牢牢控制，甚至持续实施暴力，对孩子各个年龄段的匹配的身心发展特征及行为不做了解，仅仅以自己的标准来要求孩子。小东如果没有做到便会受到严厉的惩罚，同时，爸爸对小东的高期望，也让他无法接受孩子的不佳表现，不断用语言否定、攻击小东，形成他自己所理解并执行的挫折教育。

在这种亲子关系中，在长期的高压的教养方式下，小东遭受了极大的心理压力，躯体表现为抠指甲，这个现象伴随爸爸亲子管理学习开始，小东通过这种方式来表达和释放心里的紧张。但爸爸持续的行为和固化的方式一直没有改变，因此小东的这种行为也一直保持，甚至加剧，如容易激动、发火，没有耐心，容易哭，课上无法专注，课后通过激烈活动释放情绪等，这些都是内心极度紧张的表现。随着青春期的到来，孩子可能会由原来的顺从变为抵触，进而引起冲突。

妈妈作为主要的教养者之一，对爸爸的教养方式没有意识到问题所在，在某种程度上认为是正常的方式，使爸爸这种教养方式在家里畅通无阻，这导致孩子更加无法直接面对，从而采取向内攻击的方式释放。

五、指导建议

基于以上分析，爸爸的教养方式与孩子的行为表现的关联性极强，问题解决的重点是帮助爸爸了解这种关联，认清因教养方式不当对孩子产生的伤害和后期可能产生的后果。同时，需要妈妈在认知上觉醒，勇敢地站出来，对爸爸的暴力行为说"不"，分辨严格管教和家庭暴力在性质上的不同。难点是爸爸原有认知和行为方式的改变，他的方式形成可能是沿袭家族的记忆，也可能是自己后期的认知导致，改变起来非常困难。可以从爸爸对孩子的爱和期待方面出发，对爸爸的教养方式进行干预，对于他的暴力行为有必要时也需要警方介入，起到威慑的作用。同时给予爸爸行为改变的支持，从小行动做起，帮助他理解，换一种方式，更能达成他对孩子教育期待的目标。

1. 觉察爸爸学习管理与孩子行为的关联

通过发展性会谈，指导师对小东家长实施个案指导，帮助家长梳理孩子成长事件。从孩子一年级开始，由爸爸承担小东学习管理，爸爸比较严厉，有时甚至会打骂孩子，孩子同步出现抠指甲的行为。这个事实已经在这个家庭中存在7年，指导师帮助家长面对这个事实，分析两者的关联性。

2. 认识教养方式与孩子行为表现的关联

建议家长参加学校家长培训，选择参与教养方式课程。通过学习，启发家长觉察自己在教养方式上存在的问题，了解教养方式对孩子成长的影响，激发家长改变的意愿。

3. 协调家庭成员关系修复与分工调整

通过发展性会谈，指导家长主动修复亲子关系，真诚面对以往的不恰当教养方式。同时，结合孩子成长阶段与父母教养优势，以能更好地支持孩子发展为目标进行分工调整，让孩子获得新的关系体验。

（1）给予孩子心理疏导支持

征求孩子意见，可以通过家庭教育指导师，也可以请学校里的心理教师、班主任，对孩子开展心理疏导，让孩子把自己的顾虑、担心与内心需求进行有效表达，减缓压力。

（2）父母学习权威型教养方式

通过家庭实践和家庭教育指导师跟踪指导的方式，帮助家长学习权威型教养方式。这是一个比较漫长的过程，需要父母坚持，指导师与学校给予家长一定的支持。也可以通过建立同样需求的家长群体，帮助家长们在群体中定时练习与交流，增强改变的可能性。

第三节　孩子对学习没兴趣怎么办

一、基本情况

小阳，男，13岁，性格内向害羞，敏感不善言辞，有些胆小，学习能力弱。在家里他写作业的时间较长，每天都写到很晚，除了不会还有就是注意力无法集中，有时又想偷偷看下手机。他现在对自己的成绩没有信心，担心中考，目前各科都没有到及格线。

小阳感觉在学习中没有快乐，特别是小学高年级以后就不喜欢学习。进入七年级之后，他有一段时间不适应，曾经表达过生活没意思的想法，后来在学校老师的帮助下，有所转变。

二、家庭情况

小阳一家六口，分别是小阳、爸爸、妈妈、妹妹、外公、外婆。小阳从小在爸爸妈妈身边长大，爸爸妈妈都是研究生学历，从事管理工作。小阳非常喜欢妹妹，每天上学前放学后都要找妹妹玩。他有些怕爸爸，可能是小的时候爸爸曾经打过他或是爸爸本身说话声音就比较大。外婆对小孩是特别严格的，总是以传统思想教育小孩，说孩子一定要打啊，总说一些他的缺点。妈妈对小孩算是比较宽容的，但有时言语间会比较多强调学习，也会对他有些压力。

三、咨询过程

家长比较焦虑，强调想通过咨询帮助孩子获得更好的升学方式，希望小阳在公立中学完成学业。家长目前主要的需求是小阳在学习上多一点点乐趣，有更好的一个学习状态。

小学时，爸爸妈妈天天陪着小阳学习，感觉他总是不专心。爸爸没忍住，打过一两次小阳，特别大声吼过他一次，感觉那一次之后小阳就比较怕爸爸。平时爸爸妈妈会格外关爱他，但一提到小阳的学习就很无助。

目前，小阳写作业的时候会借爸爸手机查题目，但只要手机放在旁边，写作业的时间就会无限延长；如果不给他手机，又担心他完全不写。知道小阳学习不好，有可能跟不上，爸爸妈妈还是没有批评，但是自己内心是很难受的。

妈妈希望多讨论一下小阳的学习效率提升的问题。班上一些同学9点多就完成了作业，小阳可能要到11点。为了让小阳在学习上多一点兴趣，学习状态更好一点，提高学习效率，爸爸或妈妈会辅导他，与他一起学习。目前小阳比较害怕英语，特别是爸爸教他时经常会进行拓展练习，一练就是两个小时，小阳会很不耐烦，但又不敢抗拒。

四、案例分析

在咨询过程中，家长最关切的是如何提高孩子的学习效率和学习成绩。家长谈的主要是自己对孩子的期待、对孩子的态度、对孩子的要求，夫妻二人辅导孩子的具体设想和措施，并且有实施的方案。他们对孩子当下的学习成绩完全无法接受，希望通过对孩子实施个性化辅导，进行全面干预，孩子的成绩就能有所提升。这可能跟家长自身学习比较优秀、学历高有关，在家长的认知中，只有好成绩，孩子才能有好的生活和出路。对于孩子的学习状态和学习方式，家长也是从自己的需要来安排。家长没有关注到孩子的需求，有两种可能：一是无法接受孩子的当下的状态，二是没有这种意识。

家长对孩子成绩的高期待，导致关注孩子的生活比较片面化，在帮助孩子成绩进步方面不能取得自己想要的效果。因为，没有基于实际情况采取的措施，无法让孩子感受到帮助，反而会让孩子产生压力。

孩子因为注意力障碍，可能无法集中注意力，难以理解概念，做不到标准要求，进而导致学习成绩差。在学校课堂上，他需要付出比其他学生更多的努力，才能参与到课堂中；回到家中，父母与学校一样强调学习的环境，甚至比老师更关注辅导，要求长时间注意力集中，对他构成了新的压力。加上父母辅导的意愿是对他成绩提升的要求，表现出对他现在成绩的不满，还常常询问他的学习情况，不时对他展示内心的焦虑，导致孩子严重怀疑自己的能力，认为自己无法满足父母的期望，从而影响自尊心和自信心。如果这种状况无法得到改善，孩子可能变得极度紧张和焦虑，产生不良言行，如退缩、叛逆、疏离、暴力等，以逃避现实中的压力和痛苦。

五、指导过程

1. 关注全面发展

通过会谈，帮助家长认识到孩子全面发展的重要性。家长需要通过发现小阳的优势，更全面地认识小阳。妈妈总结了小阳的五个优点：第一是诚实，同时也特别老实听话，就是大人讲什么他都会听，就算自己不愿意，也会接受；第二是善良，但他可能无法判断别人的好坏，这让爸爸妈妈担心他以后会吃亏；第三是暖心，比如，看到爸爸妈妈不舒服会主动关心，对自己的弟弟妹妹特别好；第四是善于交朋友，愿意跟同学沟通；第五是对画画有兴趣，空间感很好，作品层次非常好，上初中以后也一直坚持画画。

2. 了解支持方式

通过参加学业支持课程学习，了解胡佛—邓普西和桑德拉德家长参与过程的模型；理解从家长动机和指导示范到孩子学业成就提升，不是直接的因果关系，它是由五个环环相扣的层次达成的。家长的参与影响因素是层次一。家长的参与形式，包括价值观、参与活动、和学校老师之间的交流等是层次二。学生对家长参与的感知是层次三，这是最关键的部分。因为儿童是发展的主体和积极能动者，学习是由他们对信息的积极建构而来的。学生自身有助于成就的特质是层次四。学生的学业成就是层次五。了解了这个过程之后，家长就不会简单地把自己的参与和孩子的学业成就直接挂钩，就会减少辅导后的焦虑，也能逐步树立尊重以孩子为发展主体、尊重孩子当下状态的意识。

3.倾听小阳心声

通过发展性会谈，指导家长，多倾听孩子心声，多考虑孩子需求，从孩子的实际出发给予支持。以下是两人的日常对话。

小阳：天天那么多作业，好烦啊！

妈妈：我也觉得天天做作业挺累的，我也不喜欢天天工作。

小阳：就是，你们大人回家都不用工作，就我们小孩子天天写作业，写啊写啊……

妈妈：那我们可以怎样改变这种状态呢？你觉得你能不能写得再快些，提高效率？

小阳：能吧。

妈妈：你有什么好的方法提高效率呢？

小阳：不知道，就快点呗。

妈妈：那我们从一两科开始入手怎么样？你觉得你做得最轻松的是什么科目？

小阳：地理和道德与法治。

妈妈：那咱们就把这两科用最快的速度写完，节省出时间给不会的科目？

小阳：行，妈妈，参加省考我有点担心，你们会帮我复习英语的，是吗？

妈妈：当然啊，不用担心，儿子，省考正常比市考会简单些的。

小阳：到高中以后，你也会帮我的，是吗？

妈妈：是啊，必须的啊。

妈妈反馈小阳觉得比较好的有道德与法治、历史和英语，从这几科中挑出一两科，来尝试他自己设想的那种学习方式。但是所有的前提是一定要去倾听小阳的需求，跟他探讨这些实施方法，一定要获得小阳的认可才能实施，而不是说妈妈怎样想就怎样去操作，最终妈妈的行动就是先听小阳的。

参考文献

[1] 张竹林. 教师家庭教育指导能力建设论 [M]. 上海：华东师范大学出版社，2021.

[2] 朱永新. 教育，一起向未来 [M]. 青岛：青岛出版社，2022.

[3] 林崇德. 发展心理学（第三版）[M]. 北京：人民教育出版社，2018.

[4] 张大均. 教育心理学（第三版）[M]. 北京：人民教育出版社，2015.

[5] 朱小蔓. 情感教育论纲（第3版）[M]. 南京：南京师范大学出版社，2019.

[6] 边玉芳. 家庭教育概论 [M]. 北京：高等教育出版社，2023.

[7] 孙传远. 家庭文化与家庭教育 [M]. 上海：上海远东出版社，2021.

[8] 中国儿童中心，丛中笑. 我国家庭教育指导服务体系构建与推进策略研究 [M]. 北京：中国人民大学出版社，2016.

[9] 张竹林，赵冬冬. 协同育人初论 [M]. 上海：华东师范大学出版社，2024.

[10] 洪明. 家校合育论 [M]. 北京：教育科学出版社，2021.

[11] 黛比·扎卡里安，米歇尔·希尔维斯通. 教育共同体：家庭学校社区共育实践指南 [M]. 上海：华东师范大学出版社，2024.

[12] 陈鹤琴. 家庭教育 [M]. 上海：华东师范大学出版社，2013.

[13] 关颖，晏红. 家庭教育指导者培训教程 [M]. 天津：天津社会科学院出版社，2017.

[14] 吴重涵，王梅雾，张俊. 家校合作：小学生家长行动手册 [M]. 南昌：江西教育出版社，2014.

[15] 宋萑，金德江. 家庭教育指导二十讲 [M]. 北京：北京师范大学出版社，2024.

[16] 晏红. 家庭教育指导概论 [M]. 北京：教育科学出版社，2019.

[17] 李希贵 . 家庭教育指南 [M]. 北京：新星出版社，2022.

[18] 靳玉乐 . 课程论（第二版）[M]. 北京：人民教育出版社，2015.

[19] 钟启泉，汪霞，王文静 . 课程与教学论 [M]. 上海：华东师范大学出版社，2008.

[20] 中国儿童中心，丛中笑 . 我国家庭教育指导服务体系状况调查研究 [M]. 北京：中国人民大学出版社，2014.

[21] 吕迎 . 家校协同："陪伴"还是"紧盯"？：基于学生学习素养调查的家长成长学院课程设计 [J]. 基础教育参考，2019.

[22] 侯清珺 . 建设家长教育课程提升家庭教育胜任力 [J]. 中小学管理，2019（5）.

[23] 王德军 . 基于问题解决的学校家长教育创新 [J]. 中国德育，2019（10）.

[24] 卓张众，蓝秀瑜 . 高中家长学校"六级家长课程"开发实践研究 [J]. 福建教育学院学报，2019（2）.

[25] 曹宇，徐强 . 开发家长学苑课程资源，发挥社区家庭教育作用 [J]. 中国校外教育，2018（2）.

[26] 李海云，郑文佳 . 我国家长教育研究进展与未来趋势 [J]. 继续教育研究，2022（11）.

[27] 赵忠心 . 提高家长素养是家庭教育的关键 [J]. 班主任，2010（9）.

[28] 侯晶晶，朱小蔓 . 诺丁斯以关怀为核心的道德教育理论及其启示 [J]. 教育研究，2004（3）.

[29] 薛二勇，周秀平，李健 . 家庭教育立法：回溯与前瞻 [J]. 北京师范大学学报（社会科学版），2019（6）.

[30] 李杨，任金涛 . 我国家庭教育指导服务保障体系现状与展望 [J]. 成人教育，2012（11）.

[31] 李艳敏，孙红 . 家庭教育指导服务体系建设的思考和研究 [J]. 教育现代化，2016（35）.

[32] 袁柯曼，周欣然，叶攀琴 . 中小学教师家校合作胜任力模型研究 [J]. 中国电化教育，2021（6）.

[33] 孙夕礼.学校在家校社协同育人方面如何作为 [J].人民教育，2021（8）.

[34] 边玉芳，张馨宇.新时代我国学校家庭社会协同育人的问题与对策研究 [J].中国电化教育，2023（2）.

[35] 梁丽婵.是什么影响了家师关系：基于家长、教师、家校互动多因素综合视角的实证研究 [J].中国教育学刊，2019（11）.

[36] 罗芮，陈福美，罗玉晗，等.学校视角下的家校社协同育人现状与问题分析：基于我国八省（自治区）的实证调查 [J].中华家教，2022（6）.

[37] 朱红.现代学校制度建设与家校合作关系构建 [J].教育探索，2014（1）.

后　记

在提笔的这一刻，心中充满了无限的感慨和感激。1997年，宝安区家长学校总校成立，自此宝安区成为一片家庭教育专业人才成长的沃土，我有幸成为其中的一颗种子。2003年，我参与了省级课题"中小学家长学校规模化实施家庭教育个案跟踪指导的实践研究"，深入学生家庭，和家长一起回顾孩子成长的瞬间，了解家长困惑。我们的努力得到了认可，2006年，教育部"十五"规划课题"对不同类型的家庭分别实施规模化家庭教育个案跟踪指导的实践与研究"结题立项，我进一步跟随赵忠心教授、赵刚教授、黄仓海教授一起研究，得到更多的学习机会与锻炼。自此，我种下一个梦想，希望通过自己的努力，成为一位专职的家庭教育指导工作者，为更多的家庭服务。2015年，我荣幸地成为宝安区家庭教育教研员，十年圆梦。

2017年，我开始研发宝安区家长教育三维课程，进一步完善全方位、多视角的家庭教育指导体系。在这个过程中，宝安区教育局领导、宝安区教科院领导给予我大力支持，如同灯塔指引我坚定地向前迈进，同时，各试点学校为课程实施提供了全方位的帮助。我广泛收集了来自教师、学生及家长的宝贵建议，为课程的不断完善与优化奠定了基础。

2021年启动了这本书的撰写工作。《中小学家长教育三维课程的理论与实践》不仅是对过往研究成果的总结，更是对未来家庭教育指导的一种探索。在撰写的过程中，我与戴花妹老师紧密合作，我完成第一章第二节、第三节、第二章第二节、第三节，第三章第二节，第四章第二节、第三节，第五章，约15万字，戴花妹老师完成第一章第一节，第二章第一节，第三章第一节、第三节，第四章第一节，约8万字。两人携手，共同将这份对家庭教育工作的热爱，化作字里行间的温度与深度。

此刻，书稿即将交付出版，我的心中既有成就感，也有一份沉甸甸的责任感。我深知，书的出版，不是终点，而是一个新的起点。它承载着我们对家庭教育事业的美好愿景：帮助更多的家庭建立和谐、健康的亲子关系，促进下一代的全面发展。

最后，感谢广东省德育研究与指导中心执行主任周峰教授的悉心指导和大力支持；感谢宝安区教育局、宝安区教科院的各位领导及同事的指导与帮助；感谢宝安区各学校在课程实践中的鼎力支持；感谢家人，在我们夜以继日地埋首书案时，给予默默地支持和理解；感谢江西教育出版社吴晶主编、缪慧玲编辑的帮助，正是他们的专业指导与细心雕琢，让这本书得以呈现在读者面前。

涂南萍

2023 年 12 月 1 日